1001 *Symboles*

1001 Symboles

Guide illustré des symboles et de leur signification

Jack Tresidder

Guy Trédaniel
Éditeur

Cet ouvrage est paru sous le titre original
1001 symbols

Conception, création et maquette :
Duncan Baird Publishers

Responsable de l'édition :
Christopher Westhorp
Secrétaire d'édition : Diana Loxley
Maquette : Allan Sommerville
Illustrations : Sally Tayor Matthew McKenna, Chris Daunt
Iconographie : Alice Gillespie

Pour l'édition française :

www.tredaniel-courrier.com
tredaniel-courrier@wanadoo.fr

Traduction : Emilie Porte, François Herry
Secrétaire d'édition : Catherine Pelché
Composition : Nord Compo

ISBN : 2-84445-562-X

SOMMAIRE

INTRODUCTION

Le langage universel des symboles paraît toujours plus mystérieux au fur et à mesure que notre culture s'éloigne de la pensée et de la conception du monde qui les ont inspirés. Les symboles n'étaient pourtant pas particulièrement obscurs au départ. Il s'agissait le plus souvent de faire appel à des objets familiers, caractéristiques d'un lieu et d'une époque, pour représenter une abstraction – idée, qualité, émotion, valeur, aspiration, croyance, espérance ou inquiétude. Ils « traduisaient » un concept abstrait en une représentation visuelle immédiatement compréhensible. Les images ont toujours transmis les idées bien plus rapidement que les mots, elles ont précédé l'écriture de milliers d'années. Les pictogrammes et les idéogrammes, développés à partir de symboles primitifs utilisés dans des rituels magiques, ont conduit à l'invention de l'alphabet.

Les signes et les symboles sont souvent confondus, mais leurs implications sont bien différentes : les signes transmettent simplement une information, alors que les symboles donnent à des objets ordinaires une dimension bien plus large, le plus souvent dans le domaine spirituel. L'exemple de la symbolique du courage est particulièrement intéressant. Cette qualité, considérée comme une vertu fondamentale dans le monde antique, était associée au lion. Une fois le symbole établi, son impact grandit à mesure que les artistes en créaient des images de plus en plus puissantes. Il finit par devenir partie intégrante de la culture de plusieurs civilisations, puisqu'on le retrouve dans les légendes, les rituels et les motifs ornant les bâtiments et les vêtements. Tout cela contribua à conférer à cet animal un sens symbolique toujours plus large.

En Égypte, par exemple, le lion était bien davantage que l'emblème d'une vertu humaine. Il représentait également la puissance et la majesté

du Soleil et donc, par extension, celle du pharaon qui était l'envoyé du dieu sur Terre. Le sphinx, ce lion à tête humaine qui se tient assis près de la grande pyramide construite par le roi Khephren, fils du pharaon Kheops voilà plus de cinq mille ans, constitue un exemple impressionnant de la façon dont un symbole peut être utilisé pour consolider une structure dynastique et religieuse en rassemblant autour de lui une nation entière.

Si le symbolisme du lion pouvait ainsi atteindre la sphère politique, il s'immisçait également dans les moindres détails de la vie quotidienne. En effet, le signe zodiacal du Lion correspondant aux mois de juillet et d'août, quand le Soleil est le plus brûlant, l'animal fut associé à la crue fertilisante du Nil, qui avait lieu à cette période de l'année. L'établissement de ce nouveau lien entre le lion et l'eau conduisit, par un raccourci symbolique, à l'installation de fontaines à têtes de lion dans les palais et les bâtiments publics égyptiens. Aujourd'hui encore, même si leur origine et leur signification symbolique ont été oubliées, les jets d'eau qui jaillissent de gueules de lion sculptées connaissent toujours une grande vogue. Cela intrigue d'ailleurs certainement beaucoup de gens, qui doivent se demander pourquoi le lion, associé aux pays chauds et secs, « règne » ainsi sur les fontaines.

Nombreux sont les symboles traditionnels qui connaissent une évolution comparable, finissant par acquérir plusieurs sens différents. Le serpent, l'un

des premiers et des plus importants symboles animistes de la force vitale du cosmos qui anime toute chose, possède au moins vingt autres significations emblématiques, qui varient en fonction du contexte géographique ou culturel. Certaines d'entre elles sont positives, d'autres négatives. Le dragon lui-même, qui présente certaines similitudes symboliques avec le serpent, est ambivalent. S'il représente le mal dans la tradition occidentale, pour l'Asie en revanche cet animal fabuleux évoque la pluie fertilisante de printemps. C'est pourquoi des dragons de papier sont promenés en procession au cours des fêtes chinoises.

Les significations des symboles ne sont jamais établies définitivement, comme en témoignent deux exemples contemporains célèbres.

Le svastika, ou croix gammée, avait à l'origine un sens positif, permettant d'attirer la bienveillance des puissances cosmiques. Or, par la faute de Hitler, il évoque un pouvoir néfaste et barbare. Par ailleurs, pointer deux doigts en l'air, en formant un V, était considéré comme un geste insultant. Churchill renversa le sens de ce geste en retournant sa main de façon à en présenter la paume à l'assistance, et le V devint ainsi le symbole de la victoire contre la puissance nazie.

Chaque culture s'est formé un langage symbolique qui lui est propre, mais les mêmes images ont souvent été choisies : ce sont celles qui trouvent leur origine dans la nature (mammifères, oiseaux, poissons, insectes, plantes, représentations de la Terre et du cosmos). Dans une proportion notable, ces images ont des significations identiques. Par exemple, le phénomène particulier de la foudre a partout été interprété comme la manifestation de la puissance d'un dieu ou encore de sa colère, de sa virilité ou de sa fécondité. Des peuples ignorant tout les uns des autres auraient pourtant facilement identifié certains motifs de lignes brisées comme des représentations des éclairs, symbolisant ce concept. L'interprétation de certains emblèmes peut aussi dépendre des facteurs sociaux, affectifs ou spirituels, propres à une culture particulière. Ainsi le chacal, qui est la représentation allégorique du démon en Inde, était devenu en Égypte l'animal associé à Anubis. Ce dieu particulièrement vénéré était chargé du soin des morts, veillant sur les rites funéraires et le voyage dans l'autre monde.

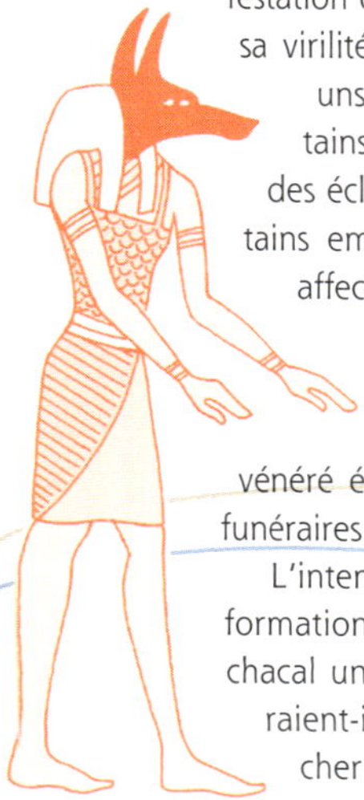

L'intention sous-jacente qui conduisait à ce genre de transformation demeure parfois difficile à saisir. En attribuant au chacal un statut symbolique plus noble, les Égyptiens espéraient-ils, par une sorte de parallélisme magique, empêcher ce charognard de ravager leurs tombes, ou bien désiraient-ils procurer un réconfort aux familles des morts dont les sépultures étaient ainsi profanées ?

L'étude du symbolisme conduit fréquemment à s'interroger sur ce genre d'énigmes, et les spécialistes sont souvent en désaccord sur l'origine de tel ou tel emblème. Il est bien connu que le poisson symbolisait Jésus pour les premiers chrétiens. Les théologiens en attribuent l'origine aux initiales des cinq mots grecs *Iesous Christos Theou Uios Sôter*, signifiant « Jésus-Christ, Fils de Dieu Sauveur », qui forment le mot *ichtus* (poisson). Cependant d'autres chercheurs estiment qu'il peut s'agir d'une façon ingénieuse de justifier la récupération par le christianisme d'un symbole païen bien plus ancien, qui désignait une divinité. Ainsi Enki, le dieu créateur des Sumériens, seigneur du Sol et des Eaux, était décrit comme un homme ayant l'apparence d'un poisson.

De telles différences d'interprétation ne nuisent pas à la force d'un symbole. Elles démontrent cependant qu'il est nécessaire de connaître le contexte culturel de son apparition pour apprécier pleinement toute la richesse de son message. De nombreux symboles ramènent à des mythes et des légendes antiques qui étaient transmis oralement bien avant d'être consignés par écrit, et aux significations d'ordre symbolique et allégorique déjà très complexes. Par exemple, les mythes qui évoquent les affrontements des puissants dieux gouvernant le vent et les forces de la nature, correspondant chacun à un point cardinal, sont à l'origine de l'extraordinaire puissance symbolique du nombre quatre dans la plupart des cultures précolombiennes d'Amérique du Sud.

Ce nombre a également un sens symbolique plus large, qui touche aux notions de totalité, de stabilité et de puissance universelle. Les quatre saisons semblaient justifier la vision d'un ordre cosmique organisé sur le nombre quatre, que l'on observe dans des cultures très différentes. Leur succession symbolise les quatre phases, naissance, croissance, déclin, mort puis renaissance par lesquelles passe toute vie humaine. Cet itinéraire supposé permet de croire à une renaissance, au moins spirituelle, si elle n'est pas physique. Les dieux suprêmes égyptiens et hindous étaient représentés avec quatre visages et la société hindoue est organisée en quatre castes, qui évoquent l'ordre et la stabilité. En Occident, un système symbolique complexe s'est développé à partir des quatre éléments (Feu, Terre, Air, Eau), dont la répartition est essentielle pour que règnent l'ordre et l'harmonie, non seulement dans le cosmos, mais aussi dans le corps humain. À l'époque médiévale, les médecins associaient certaines caractéristiques physiques et psychologiques à chacun des éléments, et cherchaient à les équilibrer pour soigner leurs patients.

Les progrès scientifiques ont mis un terme à ce genre de croyances obscurantistes. Plus généralement, il arrive que le symbolisme, qui peut contribuer de façon décisive à l'essor d'une civilisation en lui donnant des valeurs culturelles et un inconscient collectif fédérateurs, conduise à des pratiques aux conséquences effroyablement néfastes.

Quand l'Empire aztèque était à son apogée, le lien symbolique entre le Soleil, perçu comme le cœur de l'univers, et le cœur humain,

perçu comme le « Soleil » du corps, coûtait la vie à environ vingt mille personnes par an. Les sacrifices rituels au cours desquels on leur arrachait vivants le cœur de la poitrine étaient justifiés par le mythe selon lequel il fallait donner au Soleil l'énergie nécessaire pour le combat qu'il livrait tous les jours contre les forces des ténèbres. Le sang, partout associé à la force de vie, est un symbole fondamental mais aussi l'un des plus effrayants, comme le montre son rôle dans les rites sacrificiels. Il figure parmi les nombreux emblèmes dont la signification s'est amplifiée par la superposition de croyances animistes primitives, de mythes, de religions, de magie par analogie et de simples superstitions.

La science a joué un rôle capital en éliminant les croyances irrationnelles et magiques. Elle cherche à donner à la pensée philosophique un cadre strict, limité dans l'espace comme dans le temps. Elle propose la vision d'un univers uniquement régi par des lois physiques, où la vie et les perceptions sensibles de l'être humain n'ont pas de spécificité particulière. Néanmoins, lorsqu'on se place en dehors de ce système, tout échappe à la logique, et il est impossible de prouver quoi que ce soit « scientifiquement ». La possibilité de l'existence de phénomènes non conditionnés par l'espace et le temps semble alors conceptuellement inacceptable ou fondée sur des raisonnements dépassés.

La structure d'un esprit scientifique est bien différente de celle, plus intuitive et imaginative, de tous ceux qui ont contribué à développer le langage symbolique pendant des milliers d'années.

Pour les sociétés dans lesquelles apparurent les premiers systèmes emblématiques traditionnels, la perception de l'espace et du temps devait tenir compte de l'existence de puissances supérieures, ce qui n'empêchait pas d'en donner des définitions précises. Structurellement, les mythologies et les symbolismes, qui s'appuient sur ces croyances, permettent de proposer une explication du cosmos et de la vie humaine. Cette conception du monde s'appuyait sur l'existence d'une dimension supérieure à laquelle les hommes ont cru jusqu'à l'époque actuelle. L'idée qu'on puisse naître, exister pendant quelque temps et mourir sans croire à la présence d'une entité supérieure qui donne un sens à ce parcours aurait semblé autrefois non seulement insupportable mais aussi épouvantable. Les rituels symboliques pratiqués en commun étaient indispensables car ils permettaient d'être en harmonie avec les rythmes de la nature. Tout était mis en relation avec tout, l'être n'était pas seul. En d'autres termes, la vie n'était pas aussi inconsistante qu'elle pouvait le paraître mais procédait en réalité d'une dimension spirituelle supérieure. Le symbolisme n'est pas né de l'intellect, mais de l'imagination ainsi que d'une profonde identification à l'ensemble du cosmos. Il a peu à voir avec les réalités objectives, son impact est avant tout visuel, sensoriel et émotionnel.

Les symboles construits à partir d'analogies et de métaphores parlantes ou qui intègrent des données psychologiques incontestables étaient rassurants autant que convaincants. Un symbole fort conférait aux personnes auxquelles il était associé une légitimité, une autorité et une importance accrues.

Jusqu'à un certain point, il en est de même pour les symboles contemporains : cela semble évident en ce qui concerne les emblèmes des équipes sportives. Insignes et badges renforcent un groupe en l'identifiant clairement et en valorisant le fait de lui appartenir.

Jamais la capacité à créer des images et à véhiculer des concepts par leur intermédiaire n'a été déployée aussi habilement que dans les publicités télévisées d'aujourd'hui. Les sigles et logos des produits qui apparaissent et disparaissent sur les écrans, à une vitesse presque subliminale, sont néanmoins reconnus et compris par le plus large des publics. Cependant leur durée de vie est de plus en plus réduite au fur et à mesure que l'effet de nouveauté s'estompe. Leur existence est dictée par les impératifs du commerce et non par un imaginaire collectif. Les symboles traditionnels, eux, sont apparus comme les manifestations d'un univers conceptuel bien plus stable. Découvrir ce dernier nous permet de comprendre le développement et les significations des symboles comme des attributs utilisés dans l'art depuis des centaines d'années. En même temps, ces emblèmes nous rappellent à quel point les êtres humains croyaient autrefois que la vie avait une dimension mystique, et que le monde d'ici-bas pouvait être transcendé.

Quelques précisions sur cet ouvrage

1001 symboles se veut plus un répertoire qu'un dictionnaire conventionnel. La majeure partie des ouvrages de référence sont organisés en classant par ordre alphabétique les symboles, dont les significations principales et secondaires sont définies et commentées.

Ce livre propose une approche plus simple et peut-être plus cohérente. Il part de la représentation d'une idée, d'une qualité ou d'un état. À partir de ces sujets, il développe ensuite les principaux symboles qui les représentent. Les plus importants d'entre eux, qui possèdent des significations multiples, se retrouvent par conséquent classés dans différents chapitres.

Certains sujets, dont les sens sont très proches, ont parfois été regroupés. Cette classification a pour but de proposer une vue générale des divers symboles utilisés par différentes cultures pour représenter des concepts tels que la sagesse, la bonté, le mal, la vérité, la justice, la chasteté, le chagrin, la liberté ou le salut.

Il existe des notions qui sont associées à un nombre exceptionnellement élevé de symboles, ce qui dénote leur importance capitale aux yeux de certaines sociétés primitives. La fertilité, la fécondité, les protections, la puissance, l'amour, la divinité, l'immortalité et la renaissance figurent parmi les exemples de concepts marquants qui ont donné lieu à un symbolisme particulier dans les cultures du monde entier.

Au-delà de l'évocation de ces préoccupations essentielles pour les civilisations des premiers âges, cet ouvrage montre comment le symbolisme traditionnel, conçu comme un ensemble, s'est développé autour d'une gamme relativement réduite de notions, perçues comme les clefs de voûte de la civilisation. De plus, ces symboles tendaient généralement à

valoriser les aspects positifs de l'existence plutôt que ceux qui sont négatifs : les vertus plutôt que les vices, l'espoir plutôt que le désespoir, la force plutôt que la faiblesse, la paix et l'unité plutôt que la guerre et la discorde. Les symboles ont évolué en définissant des idéaux qui inspirent le respect pour l'autorité, l'ordre social, l'action en commun, l'éthique du comportement, la discipline spirituelle, la fermeté face au danger et procurent une assurance pour affronter la mort comme la vie.

Note sur les renvois dans le texte : Tout au long de cet ouvrage, le lecteur trouvera des encadrés contenant des références qui renvoient à d'autres significations (complémentaires ou différentes) du symbole étudié. Dans tous les cas, ce dernier est désigné par son « numéro d'entrée » dans la page en cours. La ou les autres acceptions de ce symbole sont indiquées par le renvoi au symbole et aux numéros de pages qui correspondent.

Bonheurs et malheurs

PROTECTIONS

1 PENTACLE

Dans le monde antique, la survie était si aléatoire que, dans de nombreuses cultures, apparurent des symboles de protection offrant aux individus un réconfort psychique. Au début, ces représentations n'étaient que des motifs linéaires. Leurs origines se sont perdues, mais leur importance grandit au fur et à mesure que les traditions se les approprièrent.

Plus tard, l'Europe médiévale considéra le pentacle (étoile à cinq branches) comme un talisman, qui avait un pouvoir de protection universel, contre les maladies ou Satan. Cette étoile était formée d'une ligne horizontale traversée de quatre diagonales. Elle dérivait d'anciennes représentations stellaires, figurant probablement les mouvements de la planète Vénus afin d'invoquer sa protection. Les magiciens du Moyen Âge portaient des capuchons dont la forme évoquait un pentacle. Des pentacles étaient gravés dans la roche ou sur du bois et inscrits sur des amulettes afin d'écarter le mauvais œil. En Inde, des motifs identiques qui évoquent également le cosmos, mais en forme d'**hexagramme (2)** à six pointes, sont tracés dans la poussière à l'entrée des villages afin d'écarter les esprits hostiles des morts. Ce motif est appelé Étoile de Lakshmi, qui est la déesse de la Fortune et de la Bénédiction.

3 ANNEAUX

La force symbolique du cercle, figure refermée sur elle-même, se retrouve dans la signification protectrice des anneaux, encore parfois censés posséder certains pouvoirs magiques. Selon la légende, le champ de forces qu'est censé créer un anneau est souvent bien plus puissant s'il est orné d'une **pierre précieuse (4)**, qu'on croyait autrefois d'origine surnaturelle. Parmi les pierres auxquelles on attribuait une valeur protectrice particulière, figurent le **diamant (5)**, dont le rayonnement divin écarterait le démon, l'**émeraude (6)** qui serait une pierre tombée de la couronne de Lucifer et l'**agate (7)** dont on dit qu'elle repousse les armes.

8 PROCESSION

L'organisation de processions rituelles est une pratique très ancienne destinée à écarter le malheur. De là provient la coutume, autrefois courante, de défiler autour d'un champ fraîchement ensemencé en tenant un objet ou un animal consacrés, afin de protéger les récoltes contre les maladies. En fait, la procession trace un cercle symbolique.

9 CROISSANT DE LUNE

La déesse de la Lune, Hécate, devint la protectrice de Byzance en 341 av. J.-C. : alors que des armées ennemies macédoniennes s'approchaient de la ville à la faveur des ténèbres, un croissant de lune apparut soudain au travers des nuages. Les défenseurs coururent à leurs postes sur les murailles et l'attaque fut repoussée. Afin de rendre hom-

Voir aussi

1 Cinq p. 77 ; Étoile à cinq branches p. 278 ; Pentagramme et cinq, p. 290.

mage à Hécate, la monnaie de la ville porta dès lors l'image d'un croissant de lune et d'une étoile. Cet emblème resta très répandu et fut adopté des siècles après par les Turcs, puis par de nombreuses nations islamiques. Il possède d'autres significations symboliques.

10 FER À CHEVAL

Le symbolisme de protection du croissant de lune, appelé parfois « lune cornue », et qui est aussi répandu dans l'iconographie égyptienne que dans l'art islamique, semble être à l'origine de la popularité du fer à cheval, utilisé comme un charme contre les démons et le mauvais sort. Pour attirer la chance, ses pointes doivent être placées en haut afin que le fer à cheval évoque la forme d'un récipient. L'anecdote historique à propos du *Victory*, vaisseau de l'amiral britannique Nelson, qui partait livrer bataille avec un fer à cheval cloué sur le mât, est restée célèbre.

11 SIGNE DE CROIX

Faire le signe de croix en se touchant successivement le front, la poitrine et chaque épaule était à l'origine un symbole de la foi chrétienne et un geste de bénédiction ou qui ponctuait la fin d'une prière. Mais son usage superstitieux, pour écarter le malheur et invoquer la chance, prit des proportions telles que l'Église, en particulier protestante, tenta de dissuader les gens de l'utiliser. Ce geste, en usage dans le culte juif avant la naissance de Jésus, rappelait la forme en T du temple construit par Hérode à Jérusalem entre 20 et 2 av. J.-C.

12 NŒUDS

L'idée qu'un nœud puisse faire obstacle au mal en a fait un symbole de protection dans l'Islam. On voit parfois des dessins de nœuds compliqués gravés sur les murs des palais. On pensait également que nouer une barbe empêchait les démons de nuire. Le même symbolisme peut expliquer pourquoi, en Europe du Nord, les pêcheurs superstitieux ont l'habitude de faire des nœuds à leur mouchoir, probablement pour faire obstacle au mauvais temps.

13 MASQUES

Dans certaines cultures primitives, les hommes portaient des masques figurant les animaux qu'ils chassaient, pensant ainsi capturer leur esprit pour les empêcher de les blesser. Ailleurs, on choisissait des animaux puissants comme symboles totémiques de protection. Lors de rituels chamaniques et de danses exécutées afin de les éloigner, on portait des masques représentant les ennemis, qu'ils soient humains ou surnaturels. Les masques de célébration encore en usage dans les danses asiatiques du lion et du dragon ont des significations plus protectrices qu'agressives.

Il existe d'autres manières de se masquer le visage ou le corps qui sont également devenues des symboles de protection. La **cape (14)** légendaire confère l'invisibilité aux héros des mythes celtiques et germaniques. Le **voile (15)** de la nonne symbolise la protection comme la séparation d'avec le monde profane. Cette coutume pourrait provenir du monde antique où, dans les temples, les vierges consacrées portaient des voiles.

16 LANTERNE

Le symbolisme protecteur des lampes ou des flambeaux de toute sorte provient des associations entre lumière et divinité. Les lanternes, ainsi que toute forme de lumière enclose, ont une signification particulièrement emblématique car elles permettent d'affronter les périls nocturnes. En Chine, des lanternes « magiques » ont été utilisées durant des siècles pendant les célébrations afin de repousser les esprits malfaisants qui apportent le malheur.

17 COURONNE

On pensait autrefois que les couronnes de plantes sacrées, portées par les souverains, possédaient des pouvoirs protecteurs. On raconte que l'empereur Tibère, qui craignait de mourir foudroyé, demandait qu'on lui apporte sa couronne de laurier chaque fois qu'un orage éclatait. Le **gui (18)** était révéré dans le monde celtique ; Virgile racontait qu'il était un talisman qu'Énée avait sur lui lors de sa visite dans le monde des Enfers. On pensait que le **sureau (19)** repoussait les sorcières au moment des changements de saisons, quand les démons sont plus nombreux. La tradition qui consiste à toucher du **bois (20)** provient de cultes antiques pour lesquels les arbres étaient les esprits protecteurs qu'il fallait vénérer.

21 PLANÈTE TERRE

Le symbolisme protecteur de la Terre était universellement reconnu dans les cultures antiques. Dans les représentations artistiques, cette planète est habituellement personnifiée par la figure de la **mère (22)** ou d'une femme enceinte, montrant ainsi sa fonction nourricière.

23 UTÉRUS

Le rôle évident de l'utérus comme berceau de la vie a étendu son symbolisme protecteur à de nombreux objets de forme creuse, et en particulier aux bateaux comme l'**arche (24)** de Noé, citée dans la Bible. Le **cercueil**

Voir aussi

16 Torche p. 117

17 Couronne de laurier p. 279

(25) était autrefois un symbole utérin associé à la renaissance. Quand il était destiné aux personnes de qualité, il était par conséquent construit avec beaucoup de soin.

26 CLOCHE

Dans de nombreuses religions, la cloche est associée à l'exorcisme et permet de repousser le démon. Les bouddhistes, les musulmans, les hindous et les chrétiens considèrent tous que le son de la cloche symbolise la voix divine et protectrice.

27-31 CORPS

Certaines parties du corps humain peuvent symboliser la protection. Par exemple, la **langue (27)** que tire le dieu égyptien Bès dans ses représentations possède une signification défensive. D'autres divinités protectrices, comme le dieu grec Hermès et le dieu romain Janus, possèdent plusieurs **têtes (28)** afin d'indiquer qu'ils sont des gardiens dotés d'une vision sans limites. Certaines statues égyptiennes, dont les têtes présentent une combinaison de masculin et de féminin, possèdent une signification identique. Dans de nombreuses autres cultures, les personnages **tétramorphes (29)**, munis de quatre têtes, gardent les points cardinaux. Le prophète de la Bible, Ézéchiel, eut la vision de telles créatures qui présentaient à la fois les visages d'un homme, d'un lion, d'un taureau et d'un aigle. La **main (30)** dont la paume est ouverte vers l'extérieur est habituelle-

Voir aussi

26 Cloche, p. 300

30 Main p. 91 ; Main de Fatima, p. 173

ment un symbole de défense, car elle bloque l'avancée du mal. Dans certains contextes, le **phallus (31)** offrait également une protection. Les jardiniers grecs et romains utilisaient parfois des statues de Priape, le fils de Dionysos (Bacchus), pour écarter les oiseaux et autres maraudeurs en les effrayant avec son phallus surdimensionné, peint en rouge.

32 AILES

Le symbolisme du refuge offert par une aile protectrice n'est pas seulement lié au comportement maternel des oiseaux, mais également aux nombreux esprits protecteurs ailés qui gardent les temples dans l'art du Proche-Orient. Dans la tradition hébraïque, le trône de Jéhovah est constitué par les ailes des **chérubins (33)** protecteurs. Le **griffon (34)**, cet animal fabuleux qui tient à la fois du lion et de l'aigle, semble avoir été un emblème de protection qui décorait les palais du roi Minos en Crète. Le **sphinx (35)**, qui est à l'origine un lion à visage humain ou à tête de bélier, a acquis des ailes et pris l'aspect définitif des créatures hybrides, qui montent la garde auprès des bâtiments du Proche-Orient et de la Grèce.

36 VAUTOUR

Le vautour est un emblème protecteur plutôt inattendu. En Haute Égypte, il représentait la déesse Nekhbet, protectrice des naissances et gardienne du pharaon. Le symbolisme de la coiffure en forme de vautour qu'arborait l'épouse du pharaon rappelle probablement la férocité avec laquelle ce prédateur défend ses rejetons.

37 COQ

Le symbolisme du coq, perçu comme un oiseau protecteur, est très ancien, probablement parce que son cri annonce le retour de la lumière après les ténèbres. Il incarne aussi les vertus défensives que sont le courage et la vigilance. De là provient la superstition selon laquelle les fantômes s'enfuient en entendant le chant du coq.

38 LION

Le lion est un symbole ambivalent en Occident car il est associé à l'agressivité mais aussi à la défense. Dans certaines parties d'Asie, les statues de lions ont des vertus protectrices, ainsi celles des lions dont les têtes ressemblent à celle du chow-chow, dits *kara-shishi*, qui gardent les temples bouddhistes en Chine.

39 BÉLIER

Dans l'iconographie chrétienne, le bélier est un symbole de sauvegarde, particulièrement quand il est associé à l'image du Christ. Dans certains rituels religieux des Hébreux, souffler dans la corne de bélier sacré, appelée *shofar*, constitue un moyen, parmi d'autres, d'attirer la protection divine.

Voir aussi

32 Ailes,p. 70
38 Lion p. 248

40 TIGRE

En Chine, les statues de tigres en pierre figurant sur les tombes et les embrasures de portes sont des emblèmes de protection. Pour cette raison, autrefois, les enfants chinois portaient couramment des bonnets en peau de tigre. Dans la mythologie comme dans l'art chinois, les tigres bleu, noir, rouge, blanc et jaune protègent les quatre directions : est, nord, ouest, sud ainsi que le centre.

41 SERPENT

Le serpent, qui est probablement l'animal dont le symbolisme est le plus complexe et le plus riche, apparaît souvent comme protecteur dans l'iconographie comme dans les mythes. La légende hindoue du dieu créateur Vishnou, installé sur les anneaux d'un serpent géant, évoque des mythes bien plus anciens. Dans ces derniers, un serpent est installé autour de la colonne qui est le support de l'univers et à laquelle il sert de base. Un cobra à sept capuchons est représenté gardant le Bouddha, et le culte du *naga*, commun aux grandes religions de l'Inde, a laissé de nombreux serpents protecteurs, ou des hommes-serpents, sculptés sur les murs des temples. Deux serpents s'entrelacent sur le **caducée (42)** qui était à l'origine, dans le monde gréco-romain, un bâton de cérémonie ouvragé, qui indiquait la fonction des hérauts. Il avait le pouvoir magique de protéger des agressions celui qui le

voir aussi

40 Tigre p. 248

41 Serpent

pp. 35, 155, 245

portait dans l'exercice de ses fonctions. Le caducée était parfois surmonté d'ailes, qui soulignaient son attribution à Hermès (Mercure), messager des dieux.

43 ROUGE

Couleur du sang et de la vie, le rouge est parfois symbole de protection. C'est la raison pour laquelle un point rouge orne le front des femmes indiennes.

44 AIL

Depuis des siècles, l'ail possède une signification emblématique en Europe. On attribue à cette plante des pouvoirs magiques protecteurs. Autrefois, suspendre des tresses d'ail dans les maisons servait à écarter le mauvais œil et éloignait les serpents, les vampires et la foudre.

45 SEL

La superstition selon laquelle renverser du sel porte malheur remonte à l'Antiquité : à cette époque, le symbolisme de ce précieux agent de conservation s'élargit progressivement jusqu'à devenir celui de la protection. Il semble que Léonard de Vinci ait utilisé cette tradition dans sa célèbre fresque, *La Cène* (vers 1495) où la figure de Judas Iscariote renverse du sel.

46 SEPT

Sept est le plus favorable des nombres, peut-être parce qu'il rappelle les sept corps célestes connus de l'Antiquité et, de ce fait, les divinités qui leur étaient associées et dont on pensait qu'elles veillaient sur les destinées des êtres humains. Dans la tradition arabe, ce nombre possède une signification protectrice, pour les futures mères en particulier.

47 RUNES

Ces anciens signes gothiques dérivent des caractères alphabétiques classiques. Ils acquirent ensuite une signification symbolique protectrice, en liaison avec la mythologie et les pratiques magiques des pays germaniques. Les runes parfois gravées sur des tombes semblent avoir été des décorations, également associées à la magie, et destinées à protéger les corps qu'elles contiennent.

Voir aussi

46 Sept péchés capitaux p. 192

48 TATOUAGES

Les tatouages ont souvent une signification protectrice pour ceux qui les portent, particulièrement quand ils représentent des animaux puissants ou reproduisent des signes magiques. Dans les régions tropicales, certaines peuplades primitives, comme les Dayak de Bornéo, portent des motifs tatoués sur tout le corps. Le camouflage obtenu, qui imite les couleurs et les formes de la jungle dans laquelle ils vivent et dont ils tirent leur subsistance, leur offre ainsi une protection.

49 FER

On considérait que le fer, dont étaient faites les armes primitives et qui était lié au feu, avait des qualités protectrices et stimulait l'ardeur au combat. Dans l'Égypte antique, c'était un talisman qui écartait les démons. Cela a contribué à conférer un symbolisme protecteur au **clou (50)** ce qui donne lieu à de curieuses coutumes, comme l'habitude chinoise d'enfoncer des clous supplémentaires dans un pilier d'une maison pour éloigner les esprits malins. Chaque année au mois de septembre, les Romains plantaient en grande cérémonie un clou dans l'un des murs du temple de Jupiter, afin de se prémunir contre les catastrophes.

Voir aussi

53 Serpent p. 80, 207, Ouroboros p. 333 ; Serpent p. 334

MORT ET CYCLES DE VIE

51 PARQUES

Dans de nombreuses légendes romaines, la notion de la durée variable, mais toujours limitée, de chaque vie humaine est personnifiée par les Parques, qui sont trois vieilles femmes qui filent, dévident et coupent le fil auquel est suspendue chaque destinée individuelle. Elles ont leur équivalent dans la mythologie grecque : la plus connue d'entre elles, et probablement la plus redoutée de toutes, est Atropos dont les **ciseaux (52)** symbolisent la mort. Elle les utilise pour couper le fil de la quenouille de Clotho, mesuré par Lachésis, qui complètent le trio des Moires.

53 SERPENT

Dans la Bible comme dans le mythe babylonien de l'épopée de Gilgamesh, le serpent est responsable du caractère éphémère de la vie humaine. Le héros Gilgamesh était parti en quête de l'herbe magique qui assure l'immortalité. Il y parvint mais elle lui fut volée par un serpent. Dans la Bible, la tentation d'Adam et Ève provient de la perfidie d'un serpent qui les convainc de manger un fruit de l'« Arbre de la connaissance du bien et du mal » au mépris de la volonté de Dieu et de son avertissement sur la mort qui s'ensuivrait. Ce symbolisme de la faute se retrouve dans l'art chrétien, où le serpent est parfois représenté au pied de la Croix, comme emblème de la chute.

54 FLEURS

Les fleurs symbolisent souvent la durée de la vie humaine et l'espérance de la renaissance, comme le montre l'**ikebana (55), l'**art japonais de composition florale. Des thèmes identiques se retrouvent dans la poésie et l'art en Occident. En Europe, aux XVIe et XVIIe siècles, il existe un genre pictural qui est une métaphore poignante de la brièveté de la vie : ce sont les *vanités* et notamment les **natures mortes (56)**. Pour rappeler que le mécène qui avait commandé le tableau était conscient de la vanité des biens de ce monde, une **rose fanée (57)** était parfois posée au milieu d'objets montrant sa richesse. Parmi les fleurs associées à la brièveté de la vie se trouve l'**anémone (58)**, probablement à cause de sa floraison fugace et de son nom qui vient du grec *anemos*, le « vent ».

59 VENT

Le vent devint un symbole de la vie qui passe, bien avant que l'expression « Autant en emporte le vent » ne soit popularisée par le roman de Margaret Mitchell. Les peintres suggèrent parfois la notion de la mort en représentant des feuilles emportées par le vent ou des arbres dépouillés.

Voir aussi

54 Chrysanthème p. 42 ; Fleurs p. 53

63 Lanterne p. 24 ; Torche p. 117

60 TEMPS

De nombreuses peintures religieuses figurent le passage inexorable de la vie en utilisant des symboles du temps qui passe. Le **sablier (61)** y figure souvent comme une représentation du temps et de la mort ; le sable qui coule évoque de manière saisissante les années qui s'enfuient. Dans les natures mortes, la **pendule (62)** possède souvent le même symbolisme.

63 BOUGIE

Une bougie dont la cire s'écoule est un autre symbole de la fin de la vie, que l'on voit souvent dans les natures mortes. Sa brève durée et la facilité avec laquelle s'éteint sa flamme rendent cette analogie évidente. Psychologiquement, la tradition qui consiste à souffler les bougies sur un gâteau d'anniversaire offre un symbolisme étonnamment double : si les années précédentes sont passées, le souffle de vie est la preuve que d'autres leur succèderont.

64 COUPE

La coupe, comme la bougie, fait partie des nombreux symboles qui ont des significations opposées. Sa forme de récipient suggère la vie, mais évoque la vacuité quand elle est renversée, et renvoie alors à la vanité de l'existence. Une coupe vide renversée sur une table était un motif souvent représenté par les peintres : il révélait leur virtuosité technique, tout en introduisant une évocation symbolique.

65 CRÂNE

Hans Holbein le Jeune, qui paraît avoir été hanté par la mort, a représenté un crâne dans un tableau, appelé *Les Ambassadeurs* (1533). Il est ainsi parvenu à saper l'impression de confiance qu'affichent les deux hommes qui posent, à côté d'instruments scientifiques, dans ce double portrait. Un crâne humain gît sur le sol à leurs pieds, mais une habile distorsion de la perspective en dissimule la forme. Ce n'est qu'en la regardant sous un certain angle qu'elle devient identifiable. L'artiste évoque par ce *memento mori* (« rappelle-toi que tu vas mourir ») la vanité des possessions terrestres. Des crânes figurent souvent dans les portraits de saints. Ils montrent que la conscience de la brièveté des choses matérielles est une constante de la pensée religieuse.

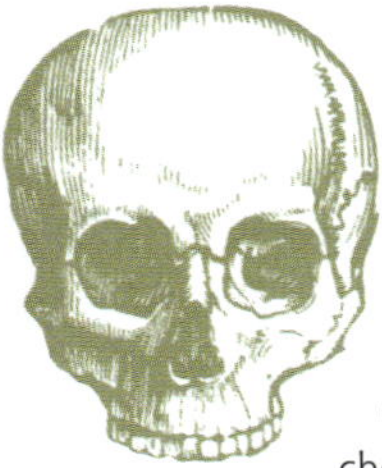

66 BULLE

Les peintures dans lesquelles apparaissent des petits angelots potelés, appelés *putti* en italien, et qui font des bulles de savon sont des allégories rappelant notre nature mortelle. Le bouddhisme utilise également la bulle comme symbole de la brièveté de la vie terrestre.

LONGÉVITÉ

67 ARBRES

La puissance, la résistance et la durée de vie de certains arbres en font des symboles de longue vie, particulièrement chez les Chinois pour qui la longévité est l'un des plus grands bonheurs que peut connaître un être humain. Le **pin (68)** solitaire et imposant possède souvent cette signification dans les peintures chinoises et japonaises. Les **arbres fruitiers (69)** sont également des emblèmes de longévité très répandus en Orient, notamment le poirier, le pêcher, le pommier et le prunier. Dans la tradition occidentale, une espèce particulière, le **cèdre (70)**, occupe une place prépondérante, surtout dans le monde méditerranéen et notamment au Liban. Son bois servait pour la statuaire et l'architecture sacrées, et les embaumeurs celtes utilisaient sa résine par association avec son symbolisme de longévité. Certaines tribus indiennes d'Amérique du Nord relient la ramure du **cerf (71)**, en forme de branches, à un arbre. La chute et la repousse saisonnière de ces bois symbolisent à la fois la longévité et la renaissance. En français, les mots « bois » et « ramure » ramènent à un vocabulaire forestier.

72 CHAMPIGNONS

Les champignons sont un symbole inattendu de longue vie en Chine, où on leur attribue une puissance magique, peut-être due à l'effet hallucinogène que provoque l'ingestion de certaines espèces. Dans les légendes chinoises, les champignons étaient la nourriture des Immortels.

73-74 OISEAUX MIGRATEURS

Le retour saisonnier remarquable de certains grands oiseaux migrateurs en fait un symbole de longévité dans les traditions chinoise et japonaise. L'art oriental confère à la **cigogne (73)** et à la **grue (74)** cette signification symbolique.

75 TORTUE

Dans la mythologie chinoise, la tortue primordiale symbolise une stabilité immuable. En dehors de leur aspect « préhistorique », les tortues ont souvent été perçues comme des animaux qui survivent à des générations successives de propriétaires. Elles figurent parmi les vertébrés qui bénéficient de la plus grande longévité au monde. Remarquablement résistantes, elles sont capables de survivre à plusieurs semaines de jeûne et peuvent atteindre plus de 200 ans. Depuis des siècles, les tortues – d'eau ou terrestres – sont des animaux domestiques en Chine. Une familiarité telle en a légitimement fait des symboles très répandus de longévité.

Voir aussi

73 Cigogne p. 59

74 Grue p. 214

76 CHRYSANTHÈME

Un autre emblème oriental de longévité est le chrysanthème, la fleur de la famille impériale au Japon. Ce symbolisme provient peut-être du fait qu'elle s'épanouit à la fin de l'automne ou au début de l'hiver.

77 CHARDON

Les chardons font partie de la longue liste des symboles orientaux de longévité. En plus de leurs capacité à se défendre, grâce à leurs piquants, et leur robustesse, ces plantes conservent le même aspect longtemps après avoir été coupées, ce qui permet de les utiliser en décoration.

78 RUBIS

Par sa dureté, le rubis est considéré comme un symbole de longévité dans les traditions indiennes et birmanes. Et sa couleur rouge évoque la vie.

79 VERT

L'expression « toujours vert » évoque la vitalité prolongée d'un individu. Le vert revêt une importance emblématique particulière en Chine, en partie parce qu'il évoque le printemps mais également au travers du symbolisme positif du jade, qui est associé à la longévité aussi bien qu'à l'espoir de la renaissance.

FÉCONDITÉ

80 MÈRE

Le très large éventail de symboles pour invoquer la mise au monde réussie d'un enfant, ou célébrer la continuité de la vie, montre l'importance fondamentale de la fécondité dans les cultures antiques. Le plus évident de ces symboles est celui de la mère. Des représentations en ont été découvertes dans toute l'Europe par les archéologues. Elles prennent la forme de figurines sculptées dans de petites pierres dès le paléolithique supérieur, c'est-à-dire il y a environ 30 000 ans. Elles figurent parmi les premières réalisations artistiques. Leur poitrine abondante et leur ventre lourd, parfois représentés de façon réaliste, ou parfois par des formes abstraites, mettent l'accent sur le concept de fertilité. Ces petites statuettes, comme la célèbre Vénus de Willendorf découverte en Autriche, étaient probablement des amulettes, destinées à être

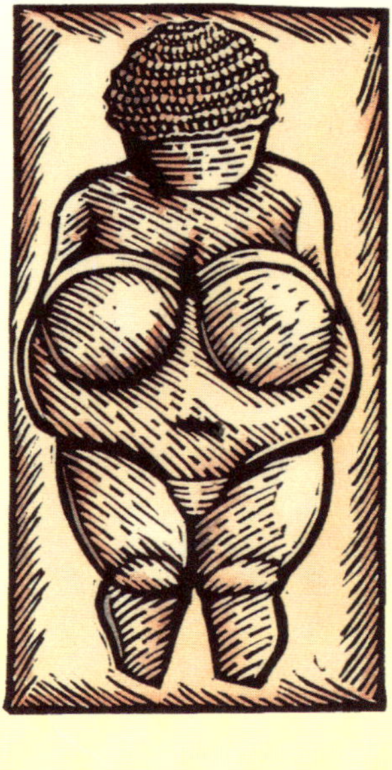

Voir aussi

79 Vert p. 246

tenues en main. Des sculptures plus importantes, évoquant une silhouette maternelle, furent plus tard adorées comme des déesses-mères.

81 LUNE

Pour qui l'observe, la Lune change constamment de forme et décrit un cycle qui évoque la mort, suivie de la renaissance. Elle était autrefois censée réguler les cycles menstruels féminins tout en jouant un rôle fondamental dans la germination des plantes ainsi que dans la croissance des animaux et des humains. La **Lune des moissons (82)**, pleine lune la plus proche de l'équinoxe de septembre dans l'hémisphère Nord, a été associée des siècles durant à l'amour et à la fertilité. La fertilité agricole et la fécondité humaine sont sous-jacentes dans les fêtes de la Lune qui ont lieu à la même époque en Chine.

83 LOSANGE

La fécondité était parfois représentée par la forme abstraite du losange, un idéogramme qui évoque la vulve. Par exemple, des losanges symbolisant la fertilité se trouvent sur la jupe de jade de Chalchiutlicue, déesse mexicaine de la Nature. Les peintres et sculpteurs chrétiens ont repris et adapté à leur religion cet antique symbolisme de fécondité en représentant la Vierge inscrite dans une mandorle, un losange arrondi.

Voir aussi

81 Pleine lune p. 131 ; Lune p. 326

84 PHALLUS

Le phallus était très largement associé aux rites de fertilité du printemps, parfois sous la forme d'une colonne de pierre ou d'un mât de bois. La tradition qui consiste à danser autour d'un **arbre de mai (85)** est une survivance des célébrations antiques pour favoriser la fertilité agricole comme la fécondité humaine. Cette fête, qui avait lieu le 1er mai, fut condamnée en Angleterre au XVIIe siècle par les puritains qui lui reprochaient d'encourager le « déchaînement des désirs charnels ». La **langue (86)** est un autre symbole de fertilité qui peut remplacer le phallus. Dans l'art tribal, elle est souvent représentée pendante et d'une longueur exagérée. De grandes langues sur des statues n'évo-

quent pas toujours la fécondité, mais les piliers totémiques figuratifs des Dayak de Bornéo ont cette signification.

87-97 ANIMAUX

Dans les rites magiques comme dans l'art, les animaux étaient les symboles de fécondité les plus répandus. La puissance légendaire du **taureau (88)** est invoquée dans de nombreuses représentations très anciennes, comme en témoignent les gravures rupestres de Lascaux en Dordogne ou d'Altamira en Espagne. Diodore de Sicile, un historien grec du Ier siècle av. J.-C., décrivit les femmes égyptiennes se dénudant devant le dieu-taureau Apis lors des rituels de fertilité. Dans le culte du dieu solaire Mithra, les sacrifices de taureaux rappelaient l'immolation du taureau primordial dont la semence féconde a fertilisé le monde entier.

Le **cheval (89)**, qui est associé à un très large éventail de significations symboliques, tient également une place importante dans les rituels de fertilité. Durant les sacrifices d'automne à Mars, dieu romain de la Guerre mais aussi de la Végétation, on immolait un cheval dont la queue était conservée durant tout l'hiver en guise d'emblème de la fertilité du printemps. La fécondité de l'être humain, comme celle de la terre, était au centre des cultes primitifs du **serpent (90)**. C'est probablement pour cette raison qu'on trouve des représentations de ces reptiles sculptées sur des ramures de cerf ou gravées sur des parois rocheuses à l'époque paléolithique. Le serpent, avec le cordon ombilical

Voir aussi

87 Animaux pp. 277, 299

et le pénis, possède un symbolisme sexuel aussi bien féminin que masculin. Ishtar, la grande déesse de la Fertilité du Proche-Orient, était parfois représentée par un serpent enroulé autour d'un arbre. Les nouveaux adeptes de Sabazius, autre déesse de la Fertilité en Asie mineure, se prêtaient au passage symbolique d'un serpent au travers de leur corps au cours de leur rituel d'initiation. Par analogie visuelle, le serpent est aussi associé à la foudre et à sa puissance fertilisante. Dans les pays du Pacifique, il est remplacé par l'**anguille (91)** comme symbole phallique de la fertilité.

Les **ramures (92)** de cerf, dont étaient couronnés les chamans ou certains dieux dans l'art primitif, semblent aussi avoir été des emblèmes de fertilité, comme dans les représentations du dieu celte Cernunnos qui est particulièrement associé aux récoltes. Ce symbolisme se prolonge chez les animaux à bois ou à cornes comme le **cerf (93)** et le **bélier (94)**. De là provient peut-être le choix de ce dernier animal comme premier signe du zodiaque. Le Bélier symbolise alors l'intensification de la force du Soleil à l'équinoxe de printemps (en mars) et le retour de la fertilité printanière. Certains reproducteurs très prolifiques, comme le **lapin (95)** et le **lièvre (96)** sont devenus sans surprise des emblèmes de la fertilité. Leurs symbolismes sont difficiles à différencier, tous deux ayant été utilisés dans les rituels de conjuration de la stérilité, afin de favoriser la grossesse et de faciliter les accouchements. Pline l'Ancien, naturaliste romain du Ier siècle, parlait de l'utilisation de la patte de lapin comme recours magique. Dans les univers anglo-saxon et germanique, le « lièvre de mars » ou « lièvre de Pâques » est relié à la fertilité printanière, en référence à la déesse anglo-saxonne de la Fertilité, Eostre, qui possédait une tête de lièvre. L'aptitude du **poisson (97)** à pondre des œufs en grande quantité a conduit à des associations de type sexuel entre cet animal, le pénis et le sperme. Le poisson est devenu de ce fait un emblème de fécondité comme de fertilité.

98 EAU

L'eau, et par extension les forces naturelles qui lui sont associées, comme le **tonnerre (99)**, la **foudre (100)** et la **pluie (101)** ainsi que les **sources (102)** et la **mer (103)** présentent toutes un symbolisme de fertilité et sont souvent personnifiées dans diverses mythologies par des dieux ou des déesses majeurs. Concrètement, toutes les cosmogonies associent à l'eau, un élément toujours féminin, l'origine et la perpétuation de la vie. Le lien entre la foudre et la fécondation apparaît clairement dans l'art aborigène où la foudre est représentée par le pénis cosmique en érection. La pluie d'orage battante, qui apporte la fertilité, était symbolisée en Amérique centrale par un idéogramme représentant une sorte de peigne dont les dents évoquent la pluie. Dans l'art aztèque, ce dernier était l'attribut de Tlaloc (Chak chez les Mayas), dieu suprême de la Fertilité. Sources, fontaines, lacs et puits ont souvent une signification sacrée, celle de l'origine de la vie. La mer est la source de vie originelle dans de nombreuses traditions antiques et constitue une image maternelle parfois plus ancienne que celle de la Terre.

104 RIZ

La coutume qui consiste à jeter des confettis ou du riz sur la tête de jeunes mariés semble provenir d'Inde. Le riz y était utilisé lors les cérémonies de mariage hindoues, il symbolisait la fertilité comme la prospérité.

105 CÉRÉALES

Souvent, dans les traditions antiques, les céréales de toutes variétés ont été des emblèmes de fertilité. Les icônes féminines confectionnées à partir de tiges de maïs revêtaient cette signification pour les tribus péruviennes comme pour celles d'Amérique du Nord.

106 FRUITS

Certains fruits sont des symboles essentiels de fertilité que l'on peut retrouver dans les représentations artistiques. La **pomme (107)** en est un exemple célèbre. Son symbolisme sexuel provient peut-être de la forme, qui évoque le sexe féminin, que prend son cœur quand il est coupé en deux. Il en est de même pour la **grenade (108)** que les Romains appelaient « pomme de Carthage ». Pour les Méditerranéens, ses graines nombreuses, insérées à l'intérieur de sa pulpe juteuse, évoquaient une importante progéniture. Ce même symbolisme a conduit la grenade à figurer parmi les « Trois Fruits bénis » dans la tradition du bouddhisme chinois.

109 ARBRES

Dans de nombreuses cultures du monde primitif, la capacité de production des arbres et leur symbolisme phallique leur ont donner un rôle central dans les rites de fertilité. Dans son livre *Le Rameau d'or*, l'ethnologue J. G. Frazer explique comment, en Asie, les liens entre la fertilité des arbres et la fécondité des humains étaient si intenses que les arbres fruitiers en floraison étaient traités avec autant de soin et de considération que des femmes enceintes. Les coutumes qui voulaient que les femmes stériles enlacent certains arbres ou s'allongent en dessous afin d'être enceintes étaient très courantes, depuis l'Europe du Nord-Ouest jusqu'à la Polynésie. Dans la très ancienne civilisation mésopotamienne, la puissance reproductrice mâle était symbolisée par la **pomme de pin (110).** Celle-ci apparaît dans l'art comme un emblème du dieu-héros Marduk. Fruit du chêne, arbre druidique, le **gland (111)** présente également un symbolisme procréateur. Sa ressemblance avec l'extrémité du pénis est peut-être à l'origine de sa présence dans certaines sculptures celtiques.

112 GUI

Le gui, qui produit des fleurs jaunes et des baies blanches au milieu de l'hiver, fut interprété par les Anciens comme un symbole de puissance et de fertilité, surtout quand il poussait sur un chêne. Les druides lui attribuaient une valeur à la fois féminine et masculine, le jus de ses baies étant un emblème de la semence. Ces anciennes associations celtiques avec la fertilité sont probablement à l'origine de la coutume moderne qui consiste à s'embrasser au Nouvel An sous une branche de gui.

113 FLEURS

La forme des fleurs, qui est celle d'un réceptacle, les associe en général à un symbolisme féminin, et leur floraison est parfois liée à la naissance. Chez les Aztèques, la déesse-fleur Xochiquetzal était une divinité spécifiquement dédiée à la fécondité : on disait qu'elle était la première femme à avoir donné naissance à des jumeaux.

Le symbolisme sexuel du **lotus (114)** en fait la fleur la plus souvent associée à la grossesse. Le lotus est l'un des « Huit Signes auspicieux » du bouddhisme en Chine, où l'image d'un jeune garçon tenant un lotus représente la bénédiction que représente une descendance nombreuse. La magnifique **orchidée (115)** en forme de coupe, dont on pensait autrefois qu'elle était un charme contre la stérilité, est également un emblème chinois de fécondité.

Au Japon, la **pivoine (116)** d'apparence nettement féminine, était une fleur très présente dans les mariages car elle augurait une union féconde. Cependant, dans l'art préchrétien, le **lys (117)** évoquait la fécondité masculine, par son pistil de forme phallique. Il apparaissait souvent comme motif décoratif dans l'art grec, probablement avec ce sous-entendu.

118 SPIRALE

Les formes spiralées se retrouvent dans le monde entier en motifs décoratifs ou, dans certains cas, comme emblèmes de fertilité. Cela est particulièrement valable pour la double spirale, à l'exemple de la molécule d'ADN, qui peut être perçue comme une combinaison des images masculine et féminine : le phallus érigé associé à la concavité du vagin. En Asie du Sud-Est comme en Polynésie, des tatouages en forme de spirale sur le corps et le visage revêtent souvent un symbolisme sexuel. Ce dernier est associé à la forme des crosses de fougères déroulées et aussi à d'autres plantes de la forêt.

119 ÉMERAUDE

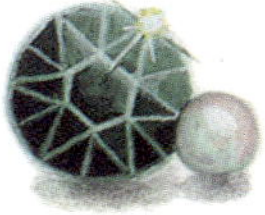

L'émeraude est souvent associée à la fécondité, probablement parce que sa teinte verte rappelle la croissance et la germination printanière. Cette pierre a acquis la réputation populaire de porter chance dans la conception et l'accouchement, pour lequel elle était censée diminuer la durée du travail.

120 PERLE

Beaucoup d'associations symboliques font de la perle un important emblème de la fécondité – son lien avec l'eau, son développement secret au sein d'un coquillage (symbole du sexe féminin ou de l'utérus) et son éclat délicat qui évoque le clair de Lune (qui la met également en relation avec les cycles de fertilité). Dans la mythologie grecque, la perle était l'ornement d'Aphrodite, déesse de l'Amour et de la Fécondité (Vénus chez les Romains et Ishtar chez les Babyloniens).

121 SCEPTRE

Le sceptre des souverains, est à la fois un emblème de fécondité et de pouvoir, son symbolisme se rattachant à l'évocation de la masculinité et de la virilité de la baguette ou du bâton. Il est également associé avec la puissance fertilisante de l'éclair qui évoque la germination, en particulier le *dorje* tibétain ainsi que le sceptre de diamant hindou ou bouddhiste, également appelé *vajra*, tous deux ayant également une signification spirituelle.

FERTILITÉ ET ABONDANCE

122 PLANÈTE TERRE

De nombreux symboles de fertilité dérivent de la fécondité de la nature plus que de celle des humains, bien que les deux notions soient si étroitement imbriquées qu'il est parfois difficile de les séparer. Par exemple, la Terre est présentée dans presque toutes les cultures comme féminine et féconde, à l'instar de la déesse Gaïa, qui donne naissance à la vie dans le panthéon grec. Le dieu mâle de la Terre en Égypte, Geb, en est une exception notable. La **charrue (123)** symbolise parfois le principe qui permet à la Terre d'être fertile. De là provient la coutume chinoise qui voulait que chaque nouvel empereur traçât un sillon rituel, affirmant ainsi son rôle pour la fertilité de son pays. La **terre (124)** et l'humus étaient parfois utilisés dans des rites de passage qui célèbrent la fertilité. Les rites magiques d'enterrement et de « renaissance » ont également pu être utilisés comme rituel de fertilité. Des survivances de ces pratiques antiques ont été observées dans certaines communautés rurales où, encore récemment, une coutume populaire, lors des célébrations du printemps, consistait à s'unir dans des sillons fraîchement tracés. On pensait souvent que les entités qui permettaient la germination de la Terre étaient concentrées dans les **cavernes (125)**, dont le symbolisme utérin est très clair. Les **nains (126)** ont toujours été traditionnellement associés aux cavernes et aux grottes, ainsi qu'à la familiarité avec les puissances naturelles de la Terre. C'est pourquoi, au Mexique, certains dieux de la Fertilité sont des nains. C'est également la raison pour laquelle, dans nos contrées, la popularité des nains de jardins n'a jamais décliné.

127 JARDIN

Le jardin est un symbole fort de la fécondité comme de la fertilité. Il est figuré dans de nombreux tableaux qui lui assignaient cette signification. L'art chrétien place souvent la Vierge Marie dans un jardin entouré de murs. À l'image de ce lieu clos où pousse la végétation, la Madone était fertile tout en demeurant vierge.

128 LAIT

Dans la plupart des cultures, le lait occupe une place primordiale comme symbole de fécondité et de plénitude. On le versait sur le sol au cours des rites égyptiens dédiés au dieu Osiris, qui régnait sur la fertilité comme sur le monde souterrain. Ailleurs, il était utilisé comme libation printanière, pour stimuler l'accroissement des

Voir aussi
125 Cavernes
pp. 343-344

récoltes. Les **seins (129)** possèdent un symbolisme identique dans les représentations de déesses de la Fécondité qui sont parfois montrées avec des multiples seins anormalement développés, comme la Vénus de Willendorf.

130 NUAGES

Des cumulonimbus épais et denses sont des symboles de fertilité évidents pour les communautés agraires à la fin des périodes de sécheresse. On trouve parfois ces motifs de nuages dans les peintures des Indiens d'Amérique du Nord destinées à invoquer la pluie.

131 GRENOUILLE

Heket, la déesse-grenouille égyptienne de la Naissance, personnifie le lien de cet amphibien avec la germination, la fécondité, la pluie et l'eau, qui en ont fait un emblème de la fertilité dans de nombreuses cultures. Les Chinois et les Péruviens, entre autres, représentaient des grenouilles pour évoquer les averses, en utilisant parfois des objets ornés de motifs analogues. On les retrouve également dans certaines images réalisées par les Navajo à l'aide de sables colorés, probablement dans une intention similaire.

132 CIGOGNE

Selon une histoire racontée aux enfants depuis des générations par les mères enceintes, c'est la cigogne qui apporte les enfants nouveau-nés. Ce symbolisme de fécondité semble provenir de Grèce, où cet oiseau était parfois associé à Héra, la déesse des Naissances (Junon pour les Romains), protectrice des femmes mariées.

133 VACHE

La fécondité de la vache et l'abondance de son lait lui ont valu de représenter la mère nourricière en Europe comme en Asie dans les rituels, les religions, les légendes et l'art. La grande déesse mère égyptienne Hathor, nourricière de toute vie, est représentée sous la forme d'une vache ainsi que, parfois, la déesse du ciel Nut, qui porte alors des étoiles sur son ventre. Selon la mythologie grecque, le lait d'Héra (qui avait à l'origine les traits d'une vache) était très abondant. Un jour, Hercule la téta si vigoureusement que le lait gicla, ce qui créa la Voie lactée.

134 TRUIE

La truie était également une Grande Mère, emblème de fécondité. Elle remplace parfois la vache, dans la mythologie comme dans l'art égyptien et grec. Dans le monde celte, l'abondance était représentée par la déesse truie Ceridwen. En Grèce et en Italie, des cochons symbolisant la fertilité étaient souvent sacrifiés aux divinités de l'agriculture.

135 CHÈVRE

La chèvre, dont le lait convient aux bébés, figure parmi les animaux le plus souvent utilisés comme emblèmes de la fécondité et de l'alimentation.

Dans la mythologie grecque, la chèvre Amalthée allaita le grand dieu Zeus en personne. L'histoire raconte qu'il cassa accidentellement l'une de ses cornes, qui avait la propriété magique d'être toujours remplie de mets et de boissons. Elle devint la **corne d'abondance (136)**, l'emblème de la profusion le plus utilisé par les artistes occidentaux. Elle déborde de fruits et de céréales dans de nombreux tableaux sur le thème de la mythologie classique et qui représentent souvent des divinités de la végétation ou du vin. Elle remonte à une tradition encore plus ancienne où la corne était considérée comme un symbole masculin de la fertilité.

137-141 ARBRES

Les arbres à fruits comestibles ont souvent été vénérés dans les temps primitifs comme des matérialisations de la Grande Déesse mère nourricière. Le symbolisme de fécondité du **figuier (138)** est particulièrement répandu. Pour certains peuples du Proche-Orient, il représentait une source de nourriture si importante qu'il était adoré comme l'Arbre de vie. Cela est particulièrement vrai en Égypte où il était consacré à la déesse mère Hathor et à Nut, divinité du Ciel.

Voir aussi

135 Bouc p. 121 ; Bouc, p. 241 ; Bouc-émissaire p. 365

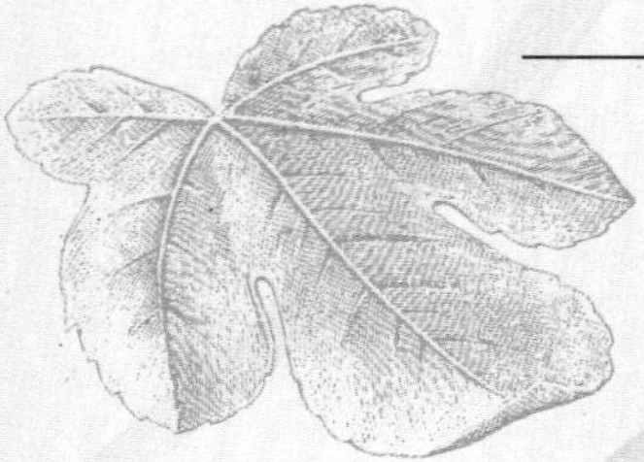

En Afrique, une légende populaire du Tchad veut que toute personne qui tente de tailler cet arbre devienne stérile. Dans la tradition islamique, le figuier apparaît comme l'arbre du désir suprême, qu'il est interdit de toucher, même au jardin du Paradis. L'Inde l'associe à la puissance procréatrice de Shiva et de Vishnou. Ce symbolisme sexuel provient du jus laiteux de son fruit et de la forme évocatrice de sa feuille, souvent utilisée comme cache-sexe masculin. Le **banian (139)**, espèce de figuier aux multiples racines aériennes, est un symbole sacré de fécondité en Inde. Cette évocation de l'abondance se retrouve aussi dans la tradition romaine, où le figuier est l'arbre sous lequel Romus et Rémulus furent allaités. Il est également un attribut de Bacchus, dieu de la Végétation et de la Vigne.

L'**olive (140)** était également révérée car elle est une ressource alimentaire sur laquelle on peut compter. La légende raconte qu'Athéna a été récompensée pour avoir offert un olivier à Athènes en devenant la patronne de cette ville. La fructification généreuse du **palmier dattier (141)**, un symbole essentiellement masculin au Proche-Orient, en fait l'Arbre de vie de l'Arabie. En Chine, en revanche, il est un emblème de fécondité féminine.

142 VIGNE

Dans la religion, la mythologie et l'art, la vigne représente la fécondité et la nourriture que procure la providence divine. Elle avait déjà cette signification dans les traditions du Proche-Orient ainsi que dans l'Ancien Testament où la vigne était un emblème de la bénédiction par Dieu du peuple élu. Elle est également liée à la fertilité et aux dieux antiques de l'agriculture en Mésopotamie, ainsi qu'à Dionysos et Bacchus dans les mythologies grecque et romaine. On retrouve le même symbolisme dans l'art égyptien, où des représentations de vigne sont associés à Osiris, dieu de la Végétation.

143 FÈVES ET HARICOTS

Les aliments à graines multiples, comme la grenade, les fèves ou les haricots, étaient dans certaines cultures un symbole de fécondité. Ils évoquaient ainsi la sexualité masculine et étaient utilisés traditionnellement comme sortilèges en Inde et au Japon où des haricots grillés étaient souvent dispersés dans les maisons afin d'écarter la foudre et les esprits malfaisants.

FORTUNE ET RICHESSE

144 DIEUX DE PROSPÉRITÉ

Les représentations allégoriques de la richesse et de la prospérité sont beaucoup plus fréquentes dans l'iconographie asiatique qu'en Occident. Les artistes européens aimaient certes peindre le luxe et les richesses, mais leur message symbolique évoquait, au mieux, la vanité, et au pire l'avarice. En revanche en Asie, la prospérité est une bénédiction.

Les images de l'imposant dieu de la Prospérité indonésien **Jambhala (145)** servaient probablement à invoquer la chance. Celui-ci est représenté assis sur un coussin aussi rembourré que son propre estomac. Le **ventre rond (146)** est un emblème de prospérité fréquemment rencontré dans l'art oriental. On peut l'observer dans la représentation d'**Inari (147)**, un important dieu japonais dit « porteur de riz », également dieu de l'Aisance et de la Chance, ainsi que chez **Daikoku (148)**, une des divinités du bonheur. Tous deux sont souvent montrés accompagnés d'un **rat (149)** qui est un emblème de la richesse, par association avec son habileté à se frayer un chemin jusqu'aux greniers à riz. Contrairement à l'Occident où son symbolisme est négatif, le rat, réputé pour son habileté à trouver de la nourriture, est un animal bénéfique en Asie. Une légende de la Chine du Sud raconte qu'il a découvert le riz pour le genre humain.

150 ŒUF

Le symbolisme propitiatoire de l'œuf apparaît dans d'innombrables contes traditionnels du monde entier. Il est souvent asso-

cié à la venue d'une richesse inattendue. Cette signification emblématique peut probablement s'expliquer par la présence du jaune doré qui se dissimule au cœur du blanc. Certains symbolismes cosmiques de l'œuf le mettent également en relation avec la prospérité : le Soleil d'or s'associe à la Lune d'argent. Les poules ou les oies des contes de fées pondent des œufs d'or, qui sont gardés par des dragons. Selon la tradition populaire laotienne, rêver d'une poule qui pond de nombreux œufs annonce la richesse.

151 POISSON

Le poisson apparaît aussi comme un emblème de prospérité dans les traditions populaires, particulièrement en Chine, sans doute à cause de sa nature prolifique. Dans certains contes, les poissons remontent à la surface de l'eau en tenant dans leur gueule des trésors qui étaient perdus dans les profondeurs.

152 COQUILLAGES

Comme de nombreux emblèmes de fertilité, les coquillages sont reliés à la prospérité comme à la plénitude sexuelle. Et pour certaines tribus du Pacifique, leur valeur était littérale. Les **cauris (153)**, à la couleur parfois dorée, étaient très recherchés et servaient de monnaie en Afrique orientale et au Tchad.

154 MÉTAUX ET PIERRES PRÉCIEUSES

Certains objets transcendent leur valeur réelle pour devenir des symboles de la fortune. Cela est valable pour l'**or (155)**, particulièrement dans son utilisation emblématique pour la statuaire, l'art décoratif et les costumes, afin d'invoquer le Soleil. Selon la tradition, au cours d'un banquet avec Marc-Antoine, Cléopâtre laissa tomber dans son verre de vin une **perle (156)** qui fut dissoute par l'acidité du breuvage ; elle l'avala afin de prouver combien ses richesses étaient incommensurables. On pensait que d'autres pierres, comme l'**agate (157),** apportaient la fortune. Elles étaient donc portées comme des talismans.

158 ARC-EN-CIEL

Les légendes qui racontent que l'extrémité d'un arc-en-ciel aboutit à un amoncellement d'or proviennent d'une très ancienne association entre la prospérité et les forces fertilisantes de la terre et de la pluie. On pensait que les arcs-en-ciel, qui relient les plans spirituel du Ciel et matériel de la Terre, pouvaient procurer des trésors magiques (mais toujours immatériels) à ceux qui partaient à leur recherche.

159 ARAIGNÉE

Dans la tradition populaire, les araignées présagent la pluie ou la fortune. Il est de mauvais augure de leur faire du mal. L'araignée qui descend le long de son fil présente une analogie symbolique avec des croyances antiques, selon lesquelles le Ciel déverse ses dons sur ceux qui le méritent.

160 ANIMAUX

Les animaux domestiques sont devenus des symboles évidents de prospérité dans les sociétés primitives pastorales où, comme l'indique la Bible, la richesse était en fonction du nombre de moutons, de chèvres, de chameaux ou autres. Le **veau (161)** symbolisait la prospérité : un récit biblique évoque l'enfant prodigue pour lequel on tua le veau gras. Toujours dans la Bible, le Veau d'or est également un emblème de la richesse matérielle mais aussi de l'idolâtrie, qui conduit l'être humain à sa chute. Pour les Indiens des plaines d'Amérique du Nord, le plus ancien symbole de prospérité était le **bison (162)**. Sa chair, ses os, sa peau, sa graisse, ses tendons et ses cornes étaient pour eux des ressources nécessaires à leur survie. Certains animaux sauvages, toutefois, présentent aussi des associations symboliques qui s'expliquent par leurs liens supposés avec des esprits bienfaisants ou de bonnes fées. Le **renne (163)** en est un exemple célèbre. Il devint l'animal qui tire traditionnellement le traîneau chargé de cadeaux du Père Noël, non seulement parce qu'il habite dans les vastes espaces enneigés du Grand Nord, mais aussi parce que, dans la tradition celte, les rennes sont gardés par les fées. Leurs **ramures (164)** avaient, dans des temps plus reculés, un lien emblématique avec la prospérité. Les divinités qui étaient représentées portant ces ramures, symbolisaient la croissance, la fertilité du printemps et, par extension, la richesse.

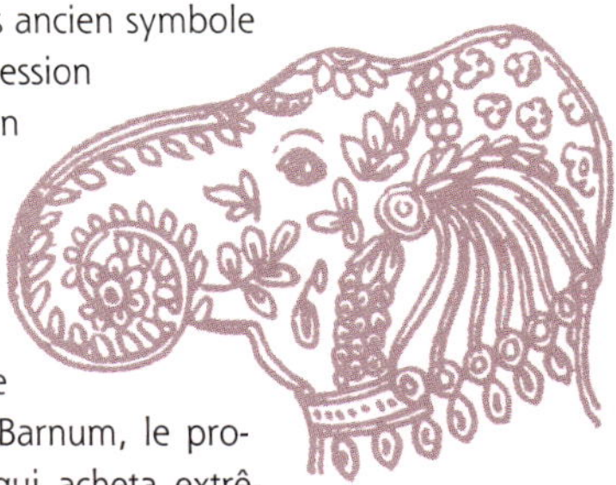

L'**éléphant (165)** est un très ancien symbole de prospérité en Inde, où sa possession était une marque de richesse. En revanche, de nombreuses histoires s'inspirent du symbolisme moderne de l'« éléphant blanc », qui évoque une possession non désirée. L'une d'entre elles est celle de P. T. Barnum, le propriétaire du cirque éponyme, qui acheta extrêmement cher un éléphant blanc très rare et ne récupéra jamais sa mise.

166 COUCOU

Dans la tradition européenne, entendre le chant du coucou au printemps est présage de richesse. D'étonnantes superstitions sont rattachées à cette légende. En France, on considérait qu'il était de bon augure d'avoir de l'argent dans sa poche quand on entendait cet oiseau. Dans les Alpes, faire cliqueter ou brasser des pièces pendant que le coucou chante était censé éviter une disparition trop rapide de l'argent du ménage lors des rigueurs de l'hiver suivant. Le symbolisme de prospérité associé au coucou est peut-être né des chansons et des poèmes qui présentent cet oiseau comme un messager de la fertilité printanière, à moins qu'il ne provienne tout simplement de son chant répétitif, qui évoque pour l'esprit le bruit d'une pluie de pièces de monnaie.

GLOIRE ET BONHEUR

167 AILES

La gloire était un sujet très en faveur parmi les artistes occidentaux et leurs mécènes. Elle est fréquemment personnifiée par divers personnages issus de la mythologie gréco-romaine, munis d'ailes qui symbolisent une ascension vers les cieux. On trouve parmi eux le dieu romain **Mercure (168)**, aux pieds ailés. Ce héraut des dieux portait leurs messages dans le monde entier. La gloire est tantôt représentée par le légendaire cheval ailé **Pégase (169)**, tantôt par une figure de femme ailée, qui emporte dans son vol les héros morts.

170 TROMPETTE

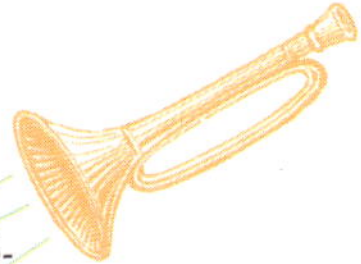

Le son éclatant de la trompette, tout d'abord utilisée par les Romains pour annoncer une charge de cavalerie, devint le signal d'autres événements importants. Il fut utilisé pour proclamer l'importance d'une chose au sens large. La peinture de la Renaissance en fit le principal attribut de la gloire personnifiée comme dans le tableau ci-contre de Bernardo Strozzi, peintre génois du début du XVIIe siècle. La langue française évoque les « trompettes de la renommée ». Lors des joutes du Moyen Âge, ces instruments proclamaient l'arrivée de chacun des adversaires.

171-172 FORTUNE

La fortune, au sens de la chance, n'est pas un concept que représente fréquemment l'art occidental, malgré ses deux figures allégoriques célèbres. Généralement, la présence de la déesse romaine **Fortuna (171)** rappelle symboliquement que la chance peut ne pas durer. Elle apparaît sur certaines peintures avec une corne d'abondance, débordante de mets délicieux. Cependant, bien des écrivains de l'Antiquité classique l'associèrent à la mer et à ses humeurs changeantes. Cela a conduit les peintres de la Renaissance à la représenter avec des attributs nautiques : bateau, gouvernail, voiles ondoyantes ; ou installée sur un globe terrestre. Il semble encore plus imprudent de s'y fier lorsqu'elle emprunte les traits de **Dame fortune (172)**, associée à la Roue. Dans l'art populaire médiéval, particulièrement en Espagne, cette prophétesse tourne une roue, permettant à certaines personnes de s'élever dans la société pendant que d'autres perdent leur rang.

173 DIVINITÉS DU BONHEUR

En Chine comme au Japon, il est très fréquent de trouver des amulettes représentant les divinités de la Chance. En Chine, elles apparaissent sous la forme de cinq hommes âgés symbolisant les bénédictions que sont la santé, la fortune, la vertu, une longue vie et une mort naturelle. L'art leur accorde des attributs qui varient, mais on y remarque souvent des **chauve-souris (174)** dont le nom en chinois a la même consonance que le mot chance. Ainsi s'explique la présence de cinq chauve-souris sur les cartes de vœux chinoises. Au Japon, les sept dieux du Bonheur sont la protection, la connaissance, la nourriture, la pêche, la longévité, la musique et l'allégresse.

175-178 NOMBRES

Dans le monde antique, les nombres possédaient de puissantes significations symboliques. Ils étaient les clefs, non seulement d'un ordre cosmique soumis au pouvoir divin, mais aussi de forces magiques qui influencent le cours des vies humaines. L'idée selon laquelle il existe un nombre favorable propre à chaque personne est par conséquent très ancienne. Dans le symbolisme global des nombres, le **trois (176)** est le plus souvent associé à la chance. Quand il s'agit d'action, le trois évoque le sens de la décision. Il est donc associé au succès. Dans les légendes et les contes de fées, les héros et les héroïnes surmontent toujours les difficultés à la troisième tentative, se trouvent souvent devant trois choix ou encore, doivent passer trois épreuves. Dans certains rituels, la plupart des actes doivent être effectués trois fois, comme le veulent des coutumes islamiques. En Angleterre, la superstition populaire recommande de pivoter trois fois sur soi-même avant de faire un vœu. Le trois est graphiquement représenté par le triangle.

Le **six (177)**, double du trois, peut également signifier la chance, comme dans le système mathématique de Pythagore. Mais ici, la chance signifie le hasard. Les six faces du dé et les fluctuations de la fortune ont conduit à élaborer en Chine un système prédictif, basé sur des hexagrammes. Dans ce pays, la chance en elle-même est le plus souvent associée au **huit (178)**, un nombre qui possède une signification positive dans le bouddhisme et le taoïsme, ainsi que dans le shintoïsme japonais.

179 BONNET DE FÉLICITÉ (ÊTRE NÉ COIFFÉ)

La membrane utérine, appelée bonnet de félicité, qui recouvre partiellement la tête de certains nouveau-nés était, pour des tribus slaves et selon certains écrivains romains, un présage de chance. Elle protège de la mort par noyade. L'expression « être né coiffé » signifie « être chanceux ».

Voir aussi

175 Treize, cinq, pp. 76-77 ; Neuf p. 170 ; Sept et trois, p. 210

180 PIE

Bien que les mœurs chapardeuses de l'espèce européenne l'aient dotée d'un symbolisme négatif, la pie apparaît souvent sur les cartes de vœux chinoises comme un emblème de chance ou de nouvelles agréables. La tradition voulait que son cri annonce la venue d'amis.

181 ALBATROS

L'habitude prise par ce grand oiseau vagabond de suivre les bateaux au cours de leurs longs voyages est à l'origine d'une vieille superstition maritime qui en fait un présage de chance. L'anglais Samuel Taylor Coleridge (1772-1834) l'évoque dans son célèbre poème *Le Dit du vieux marin*, dans lequel l'albatros apparaît comme le sauveur d'un bateau prisonnier des glaces du pôle. L'oiseau est cependant tué par un des marins, avec des conséquences funestes. L'albatros a également inspiré à Baudelaire un poème célèbre.

182 DIABLE

Le monde médiéval voyait avec méfiance la survenue d'une fortune matérielle soudaine. En effet, une personne qui bénéficiait d'une chance inexplicable pouvait fort bien avoir cédé son âme en échange d'une aide surnaturelle du Diable. Les vieux dictons qui parlent d'« avoir une chance de tous les diables, être diablement chanceux, vendre son âme au Diable... » sont fort nombreux.

183 ORANGES

Les oranges sont des emblèmes de chance en Chine où elles sont traditionnellement mangées le second jour de la nouvelle année chinoise. Elles sont associées au luxe depuis fort longtemps puisque leur couleur rappelle le Soleil. Elles sont, peut-être, les « Pommes d'or » de la mythologie grecque, gardées par un dragon dans un verger paradisiaque, le jardin des Hespérides.

184 ROUGE

Le rouge est l'une des couleurs dont le symbolisme est le plus positif, car elle est associée aux festivités, à l'énergie et à la vie elle-même. En Chine, le rouge représente la chance ; elle était la couleur emblématique de la dynastie des Chou (vers 1045 à 256 av. J.-C.).

Voir aussi
182 Satan, démons, sorcière pp. 152 à 155
184 Rouge, p. 32

185 TREIZE

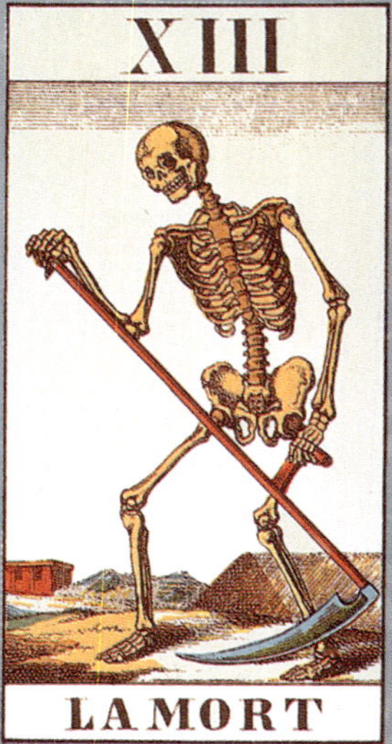

Le monde antique est à l'origine du symbolisme des nombres, relié à la cosmologie et à la science calendaire. Cela se vérifie pour le nombre treize qui, en Europe, est associé depuis des siècles à la malchance. On pense que son impopularité remonte aux difficultés rencontrées alors que les premiers calendriers lunaires utilisaient un treizième « non-mois » afin de combler le vide existant entre l'année solaire et les douze phases de la Lune. C'est probablement à la suite de ces complications que le treize fut perçu comme défavorable. Les traditions antiques conseillaient aux fermiers de ne rien planter le treize d'un mois. Dans les rituels de sorcellerie, on avait coutume d'associer Satan au nombre treize. Enfin, la treizième carte des arcanes majeurs du Tarot de Marseille représente un squelette fauchant qui symbolise la mort.

L'idée curieuse qui veut qu'être treize à table porte malheur provient peut-être du dernier repas du Christ en compagnie de ses douze apôtres. La crucifixion de Jésus eut lieu un vendredi, ce qui explique probablement pourquoi le vendredi treize est de mauvais augure. Curieusement, en Amérique centrale, le calendrier maya, qui était solaire et découpé en vingt mois, considérait le **cinq (186)** comme signe de malchance. En revanche, le treize avait un symbolisme positif : il représentait le nombre de jours que comportait chaque « semaine » religieuse.

187 NOIR

Une journée noire, des humeurs noires, la magie noire : voici quelques-unes des nombreuses expressions dans lesquelles cette couleur est presque synonyme de malchance ou de nuisance. Son symbolisme dérive de l'antique dichotomie entre le blanc et le noir, dans laquelle le bien était associé à la lumière, et le Diable aux ténèbres. Le noir est fréquemment, mais pas systématiquement, un symbole négatif. Jusqu'à l'époque moderne, ce préjugé suffisait pour faire du **chat noir (188)** un présage de malheur dans les traditions et les superstitions populaires. À l'époque médiévale, on pensait qu'il était le compagnon des sorcières, quand il n'était pas une véritable incarnation de Satan lui-même. Pour le monde celtique comme pour l'Islam, il était associé au démon. Dans les contes traditionnels japonais, des chats noirs prennent possession du corps des femmes.

189 CORBEAU

En Europe, le corbeau, qui se nourrit de charognes, est associé au symbolisme négatif de la couleur noire. Il était associé à la mort, à la guerre, à la solitude et au mal. En Inde, il est doté des mêmes significations péjoratives. Mais les espèces qui se nourrissent de graines ont une signification totalement différente, comme dans la tradition des Indiens d'Amérique du Nord ou en Chine, où ils sont perçus comme des oiseaux solaires.

190 CÔTÉ GAUCHE

Les devins romains, qui s'inspiraient du vol des oiseaux pour prédire des événements, considéraient que leur arrivée du côté gauche était de mauvais augure. Le mot latin pour désigner le côté gauche est *sinister*, à l'origine du mot « sinistre ». Cette association avec la malchance, et même avec le démon, a indubitablement influencé, d'une certaine façon, le symbolisme chrétien. La sorcellerie associait la main gauche avec la magie noire et la main droite avec la magie blanche.

Voir aussi

189 Corbeau et corneille p. 274

191 Miroir p. 147 Surfaces réfléchissantes p. 373

191 MIROIR BRISÉ

La croyance selon laquelle briser un miroir attire la malchance est une superstition qui s'est renforcée au cours de la longue histoire des peurs qu'éprouvaient les êtres primitifs face aux surfaces réfléchissantes. On pensait que l'image reflétée dans un miroir, qui montrait ainsi une partie de l'essence de la personne qu'il réfléchissait, représentait en réalité une âme jumelle qui serait perdue ou mise à mal si le miroir s'abîmait. Le poème d'Alfred Tennyson, *La Dame de Shallot* (1832), rappelle le symbolisme de ces légendes primitives, dans lesquelles une fêlure dans un miroir magique est présage de mort.

De nombreuses histoires décrivent des magiciens et des sorcières dont les miroirs, comme celui de l'enchanteur Merlin, montrent des malheurs imminents. Des superstitions négatives s'attachent à d'autres objets lorsqu'ils sont brisés, comme les colliers de **perles (192)**. L'analogie possible entre les perles et les larmes explique pourquoi une perle montée en bague est traditionnellement considérée comme un bijou de mauvais augure, s'il est offert pour un mariage.

SANTÉ

193- SYMBOLES HOMÉOPATHIQUES

196 De nombreuses créatures, au symbolisme nettement divergent, ont des liens homéopathiques (dans le sens du « mal qui guérit ») avec la médecine. Le psychiatre suisse Carl Gustav Jung interprète le **caducée (193)** comme un symbole de cette méthode de guérison. Constitué de deux serpents s'enroulant autour d'un bâton, le caducée était à l'origine un signe de reconnaissance destiné à protéger les hérauts. Il devint et reste un emblème de la médecine. Sa forme est proche des représentations, en Grèce antique, du bâton d'Esculape (une baguette enlacée par un seul serpent). Ce dieu grec de la Guérison et de la Médecine était le fils d'Apollon.

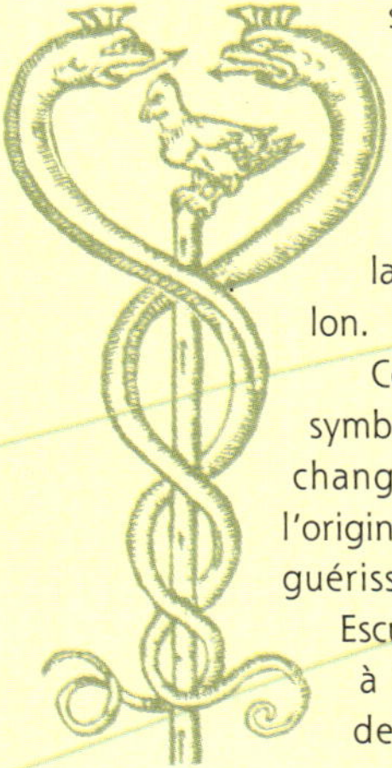

Ces deux emblèmes montrent la puissance du symbolisme du **serpent (194)**. Sa capacité à changer de peau a probablement été à l'origine d'associations avec des pouvoirs guérisseurs et par conséquent, avec Esculape. Quand Rome, en proie à la peste, demanda l'aide des Grecs en 293 av. J.-C., ceux-ci lui envoyèrent un serpent sacré, en affirmant qu'il incarnait l'esprit d'Esculape. Cette histoire fait écho à un récit de l'Ancien Testament dans lequel Dieu demande à Moïse de fabriquer un serpent de bronze qui guérit ceux qui le regardent des morsures des « serpents brûlants ».

Voir aussi

194 Serpent pp. 155 & 245

196 Crapaud, p. 159

Le **scorpion (195)** présente aussi un symbolisme de blessure et de guérison, qui suggère un lien avec l'homéopathie, au moins pour certaines tribus africaines. Cela provient du fait que cet animal sécrète un antidote huileux à sa piqûre venimeuse. Pour des raisons identiques, les médecins chinois utilisaient autrefois les sécrétions toxiques du **crapaud (196)**, un amphibien très largement crédité de pouvoirs magiques. Les crapauds séchés étaient encore utilisés comme amulettes en Angleterre durant la Grande Peste de 1665. Le célèbre chirurgien George Thompson déclarait alors qu'il s'était guéri lui-même en utilisant un crapaud afin d'absorber la « fermentation putride » de la maladie.

197 FOURMI

La magie par analogie est à la base de nombreuses médecines primitives. On croyait alors que le pouvoir du symbolisme permettait de changer l'état psychologique du patient. On en trouve un exemple étonnant en Afrique du Nord, où on faisait manger des fourmis aux personnes apathiques en supposant que l'activité incessante de ces insectes se communiquerait à leur métabolisme.

198 LICORNE

Selon l'historien et médecin grec Ctesias du ve siècle av. J.-C., les Perses croyaient que cet animal fabuleux avait des pouvoirs guérisseurs. Lorsque la licorne devint un motif décoratif très utilisé par les artistes chrétiens au Moyen Âge, son antique symbolisme réapparut dans la légende qui raconte que la licorne peut purifier une eau empoisonnée en y traçant une croix à l'aide sa corne. Le lien, ténu, qui rattache ces histoires à la réalité se manifeste sans doute dans l'utilisation médicinale que l'on fait depuis toujours, en Asie, de la poudre de corne de rhinocéros.

199 PIERRES ET AMULETTES

Les croyances antiques aux pouvoirs magiques de certains minéraux, accentués par leurs formes souvent évocatrices, leur ont valu d'être utilisées comme amulettes, censées guérir certains maux, comme l'impuissance et la stérilité. Le **jade (200)**, symbole de la durée, était administré en Chine sous forme de poudre, afin de prolonger la vie. Les morceaux de jade, souvent en forme de rein, étaient également utilisées en Espagne afin de guérir les maladies touchant cet organe. On pensait aussi que le **rubis (201)**, symbole de sang et de vitalité, permettait de retrouver l'énergie

perdue et de compenser une perte de sang. Parmi d'autres pierres précieuses censées permettre la guérison, on trouve le **diamant (202)** et la **perle (203)**, qui est encore utilisée de nos jours en Inde sous forme de poudre. Une superstition romaine voulait que la perle permît aux malades mentaux de retrouver leurs esprits. Des pouvoirs curatifs plus grands étaient attribués à l'**émeraude (204)**, symbole de fertilité et de pouvoirs occultes. Comme les devins l'utilisaient pour lire l'avenir, on pensait que l'émeraude améliorait la vue. Elle avait également la réputation de faciliter le travail lors des accouchements et d'éviter la dysenterie ou les crises d'épilepsie.

On attribuait des pouvoirs de guérison à deux matériaux à l'aspect proche de celui des minéraux, qui avaient un lien avec l'eau en tant qu'élément guérisseur. L'**ivoire (205)** des défenses de morse réduit en poudre était utilisé en Chine comme antidote au poison. Le **corail (206)** rouge était très utilisé par les matrones romaines pour arrêter un écoulement de sang et prévenir les maladies infantiles. Il semble que la mythologie soit à l'origine de cette réputation, car on disait que le corail rouge était né du sang de la Gorgone Méduse. Durant la période médiévale, les colliers de corail étaient portés par les enfants comme talismans. Les amulettes en **ambre (207)**, qui est une résine

fossilisée, étaient également un très important symbole de guérison dans le monde antique, censé soigner les problèmes d'estomac ainsi que les maux de tête, les rhumatismes et l'asthme.

208 EAU

En sus de son utilisation médicale importante dans le traitement de nombreuses affections l'eau pure, et particulièrement l'eau de pluie, possède une valeur curative symbolique considérable. Celle-ci est liée depuis toujours au rôle joué par l'eau dans les rites de purification, les bénédictions divines et la régénération spirituelle.

209-214 PLANTES

Le monde antique faisait appel, avec une efficacité variable, à un grand nombre de plantes, et particulièrement de simples, pour la prévention ou le traitement des maladies. Certaines d'entre elles, comme la **mandragore (210)**, présentent des significations symboliques en plus de leur fonction curative. Cette plante méditerranéenne, de la famille de la pomme de terre, fut longtemps utilisée dans le monde antique comme émétique, purgatif et, ce qui est plus important, en médecine comme anti-spasmodique et narcotique. Sa valeur symbolique, qui découle de la ressemblance entre sa racine fourchue et une silhouette humaine, augmente encore les effets bénéfiques espérés, jusqu'à lui attribuer des pouvoirs magiques notamment celui de faciliter la grossesse.

La réputation médicinale du **gui (211)**, dont les Celtes pensaient qu'il guérissait de la stérilité et constituait un antidote au poison, provient également de ses supposés effets magiques et fertilisants. Le mythe d'Apollon guérisseur, dans lequel le dieu prend le nom de Paeon, a octroyé un statut semi-magique à la **pivoine (212)** du latin *pæonia*. Au XVIIe siècle, l'Angleterre croyait encore en l'efficacité médicinale de ses racines, de ses graines et de ses fleurs. Le **laurier (213)**, également associé à Apollon, était mâché par les Grecs afin de combattre la peste. La mythologie gréco-romaine associait l'**asphodèle (214)** aux Enfers. Une telle renommée était probablement à l'origine de son utilisation comme antidote à la morsure de serpent, un animal qui avait lui-même la réputation d'aimer le monde souterrain.

Autorité et qualités humaines

PUISSANCE

215 ROUE

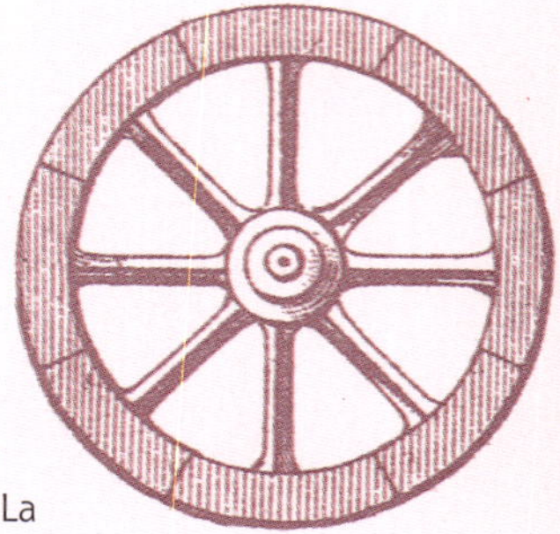

Dans le monde antique, la roue était une image éloquente de l'énergie qui anime le cosmos. Elle devint un symbole de puissance au cours du IIe millénaire avant J.-C. lorsque des guerriers en équipèrent leurs chars pour combattre, écrasant tout sur leur passage à travers l'Europe. La roue pleine et la roue à rayons, plus tardive, étaient toutes deux utilisées au Proche-Orient, en Asie et en Égypte comme symbole solaire, ce qui renforçait encore la puissance évocatrice de l'objet.

216 SVASTIKA

Hitler a dénaturé la signification du symbole très ancien qu'était le svastika, ou croix gammée, en en faisant l'image sinistre de la puissance du Parti nazi. Ce motif proche de la roue était à l'origine un signe favorable. Il représentait les traits de lumière échappés des bras d'une croix qui tournoie, évoquant ainsi les quatre points cardinaux et la force vitale du Soleil. Le svastika était donc associé à l'énergie divine, en Inde, au Proche-Orient et en Europe, y compris dans la Scandinavie nordique. On le trouve aussi représenté sur la plante des pieds et la poitrine de Bouddha : il est alors l'emblème des forces cycliques de la régénération.

217 SPIRALE

Les symboles spiralés ont des significations qui varient selon les contextes, mais ils rappellent souvent l'énergie latente ou potentielle contenue par le ressort. Ainsi les motifs des tatouages faciaux des Maori évoquent les fougères qui croissent en se déroulant, ce qui les rapproche des symboles phalliques.

218 ZIGZAG

Traditionnellement, cet idéogramme représente chez les Nordiques l'énergie de la foudre qui s'abat. Il a été récupéré par les nazis, qui ont utilisé comme insigne un zigzag double.

219 URAEUS

Dans l'Égypte ancienne, le pouvoir de donner la vie, ou de la prendre, était symbolisé par un diadème, appelé *uraeus*, que portait le pharaon. Il représente un cobra femelle dressé, le capuchon dilaté pour l'attaque, qui est une image du dieu solaire Râ, dont le pharaon était le représentant sur cette terre.

220 SPHÈRE

Les formes circulaires sont particulièrement évocatrices de la totalité : ainsi la sphère ou le globe ont été les emblèmes de la toute-puissance temporelle et du pouvoir suprême depuis l'époque de l'Empire romain au moins. Les artistes les font fréquemment figurer parmi les attributs des dieux.

Voir aussi

216 Svastika p. 313

221 TRIANGLE

Le triangle, forme géométrique puissante, associe la notion de masse et de pénétration, ce qui suggère une dynamique solaire autant qu'une force masculine. Il est souvent associé à des déités représentant trois aspects du pouvoir divin.

222 PYRAMIDE

Marquée par le symbolisme solaire du triangle, la pyramide égyptienne, avec sa masse, sa stabilité et sa pérennité, était une tentative d'associer la puissance du Soleil et celle du pharaon, dont elle était le tombeau. Rares sont les symboles aussi imposants, ou qui défient le temps depuis autant de siècles.

223 QUATRE

Dans le symbolisme des nombres, le quatre est le plus étroitement lié à l'idée d'omnipotence. Il a été associé aux quatre points cardinaux et à la puissance des dieux des Vents, dont on croyait jadis qu'ils gouvernaient chacun une partie du cosmos. Les premiers bâtiments étaient construits en utilisant quatre piliers de soutènement, et c'est le même nombre de piliers qui, pour les Égyptiens, soutenaient la voûte céleste.

224 TÊTE

Le symbolisme de puissance attaché à cette partie du corps explique pourquoi les chasseurs de têtes décapitaient leurs ennemis : à cet endroit se trouvaient, pensait-on, leur énergie vitale, leur force et leur charisme. Les têtes des monarques et des chefs politiques, posées sur des colonnes en guise de socle, ou figurant sur les pièces de monnaie, ont une signification emblématique similaire. L'intention est ici d'évoquer le pouvoir, même après la mort.

225 BRAS

Les bras des dieux, des chefs et des héros sont également des symboles du pouvoir, comme en Inde avec les nombreuses statues ou peintures de dieux aux bras multiples. Chacun d'entre eux correspond à un pouvoir particulier qui influe sur les événements, et l'ensemble constitue une image de la toute-puissance.

226 MAIN

Le rôle déterminant de la main, que ce soit dans la vie quotidienne ou pour faire la guerre, lui a très tôt conféré une grande force symbolique. Dans l'art religieux de l'Égypte du IIe millénaire avant J.-C., des mains humaines apparaissent à l'extrémité des rayons solaires. Dans d'autres civilisations, la main est souvent montrée seule, pour évoquer le pouvoir de diriger le cours des choses, de protéger, de blesser ou de soigner. Il en est de même de l'« imposition des mains », cet acte rituel censé accomplir des miracles, conférer une autorité spirituelle, ou une bénédiction. Certaines utilisations symboliques sont plus sinistres, ainsi pour la **main de gloire (227)**, nom autrefois donné en Angleterre à la main

Voir aussi

221 Triangle pp. 124 & 285

224 Crâne rasé p. 190

des criminels pendus, supposée posséder des vertus curatives. Le **pouce (228)**, qui est le doigt qui a joué le rôle le plus déterminant dans l'évolution de l'espèce humaine, symbolise parfois à lui seul le pouvoir : lors des jeux du cirque romains, un seul geste du pouce suffisait pour sauver la vie d'un gladiateur vaincu ou l'envoyer à la mort.

229 CHAKRAS

Dans la doctrine de l'éveil tantrique, les chakras (« roues » en sanscrit) sont des centres énergétiques le long de la colonne vertébrale, dans lesquels circule le flux de l'énergie vitale ; ils symbolisent la puissance personnelle qui se libère lorsqu'on accède à la connaissance de soi.

230 ARMES

Ce sont des symboles évidents de puissance, utilisés en héraldique aussi bien pour évoquer l'attaque que la défense. C'est le cas même pour le **marteau (231)**, emblème de la force brutale liée aux dieux du Tonnerre, notamment le Thor des Nordiques, mais qui, sur les pierres tombales, devient un motif protecteur. La **lance (232)** est un rappel spécifique du pouvoir terrestre, puisqu'elle est associée à la cavalerie. Elle évoque aussi le prestige et la puissance physique prêtés au cheval.

233-235 ANIMAUX À CORNE

Les associations étroites traditionnellement établies entre les cornes, les armes et la virilité ont conféré à certains animaux une forte connotation symbolique liée au pouvoir. Le **taureau (233)**, avec sa force, son énergie et son agressivité, est ainsi considéré comme une incarnation, ou un compagnon privilégié, de dieux aussi divers que Shiva en Inde et Zeus en Grèce. Il est également associé à la puissance du tonnerre et aux dieux des Tremblements de terre, ce qui est aussi le cas du **bélier (234).** En Égypte, les cornes de ce dernier, avec leur enroulement caractéristique, étaient précisément devenues un symbole de la puissance solaire : le dieu Amon-Râ en est souvent doté. Alexandre le Grand utilisa lui aussi le bélier comme emblème de sa toute-puissance victorieuse lorsqu'il conquit l'Égypte et l'intégra à son Empire. Le **bison (235)** est un autre symbole de puissance, que les Indiens des plaines d'Amérique du Nord associaient aux cyclones.

236 CHEVAL

Dans tout le monde antique, le cheval était étroitement lié au triomphe militaire (mais pas en Afrique ni en Amérique), et par conséquent à la montée en puissance des empires conquérants. Sa stature et sa vitesse évoquent la puissance des forces élémentaires de la nature. Les statues équestres des chefs et des héros exploitent cette connotation, le cavalier maîtrisant une monture qui représente elle-même la puissance.

Voir aussi

236 : Cheval, pp.46, 240 & 300

237 LION

Les lions sculptés de Trafalgar Square à Londres comptent parmi les plus célèbres symboles de la puissance impériale britannique, et ceux, ailés, de Venise représentent aussi la gloire de la Sérénissime. Historiquement, cependant, l'utilisation du lion comme emblème du pouvoir remonte à l'identification de cet animal avec les dieux solaires dans les civilisations antiques de l'Égypte et du Proche-Orient. Universellement connu, le grand Sphinx de Gizeh, qui est un lion à tête humaine, célèbre à la fois la puissance du Soleil et celle du pharaon Khephren. Il existe d'autres exemples de monstres hybrides, ainsi le **griffon (238)**, qui a le corps d'un lion avec la tête et les ailes d'un aigle. Les statues de griffons du Moyen-Orient expriment une domination qui s'exerce sur la terre comme au ciel.

239 JAGUAR

En Amérique latine, le jaguar peut signifier à la fois l'énergie de vie et la puissance de mort, notamment chez les Mayas. Les chamans se vêtaient de peaux de jaguar pour s'unir aux forces protectrices ou destructrices auxquelles le monde est soumis.

240 TIGRE

Il remplace fréquemment le lion comme emblème de la puissance en Inde et en Asie. Il peut être utilisé comme monture par divers dieux, et notamment par l'épouse de Shiva, lorsqu'elle prend l'apparence impétueuse de Durga, l'Inaccessible.

POUVOIR

241 HACHE

Les traditions multiséculaires qui conduisent les chefs de tribus à arborer des haches, parfois richement sculptées et décorées, pour proclamer leur autorité hiérarchique, notamment au cours des cérémonies, existent dans le monde entier. L'éclair et le choc sourd de la hache qui s'abat ont contribué à en faire un attribut des puissants dieux scandinaves du Tonnerre et des Éclairs. Ailleurs, elle est associée avec le ciel, notamment en Afrique et en Océanie. La hache à double tranchant (proche de la francisque) était un objet cultuel dans la civilisation minoenne. L'art africain la représente parfois comme motif féminin, ce qui semble indiquer que l'autorité symbolique pouvait être conférée par un roi aux femmes de sa suite. En Amérique du Nord, le **tomahawk (242)**, plus proche de la massue, devint un attribut de pouvoir pour les chefs des clans tribaux. Sa signification symbolique était accentuée et précisée par les peintures et les plumes qui l'ornaient.

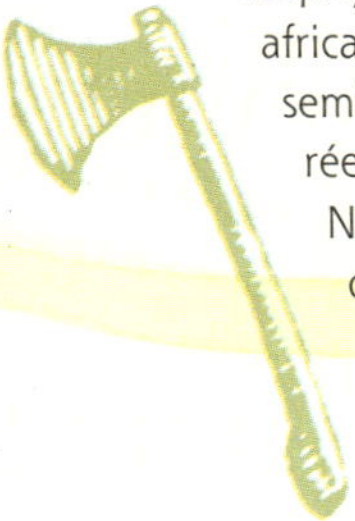

243 MASSE D'ARMES

Comme c'est le cas pour d'autres armes, elle devint purement symbolique lorsqu'on cessa de l'utiliser au combat. Ce maillet garni de pointes, souvent fait de métal précieux et même orné de joyaux, était porté par les gardes dans le cortège des souverains lors des cérémonies solennelles, en Turquie et dans plusieurs pays d'Europe du Nord ; il fait même partie des symboles du pouvoir royal en Angleterre. La Chambre des communes fit fabriquer en 1649 sa propre masse d'armes, exprimant ainsi symboliquement la transmission de l'autorité du roi au parlement. Les masses figurent aussi parmi les attributs ecclésiastiques, ou ceux des autorités municipales, avec la même fonction d'identification de l'autorité.

244 CROSSE

Alors que la masse d'armes symbolise la puissance que confère la force physique, la crosse, en usage dans de nombreux rituels chrétiens, représente l'autorité du berger, et non celle du guerrier. Elle ressemble à un bâton terminé par un crochet ; cet aspect remonte à l'époque de l'antique Sumer, où elle était l'emblème de l'autorité royale, et à celle de l'Égypte, où les pharaons sont représentés tenant parfois un crochet qui indique qu'ils sont les bergers de leur peuple.

245 FAISCEAUX

C'est aux Étrusques qu'on doit cet emblème de la justice pénale, un fagot de branches entourant une hache. À Rome, il était apporté devant les magistrats (licteurs), pour symboliser leur pouvoir de flageller ou de décapiter les condamnés. Plus tard, la hache qui émergeait du faisceau fut supprimée, afin d'indiquer que les citoyens romains pouvaient faire appel d'une sentence de mort. Mussolini forgea le mot « fascisme » directement de ce *fascio* latin, dont il avait fait l'emblème de son parti. Le caractère dictatorial et totalitaire du régime qu'il imposa transforma ce symbole, qui devint celui de l'autorité coercitive de l'État sur ses ressortissants.

246 ÉVENTAIL

Le *flabellum* papal en plumes, encore utilisé à Saint-Pierre-de-Rome lors de cérémonies solennelles, est l'un des rares exemples subsistants qui rappelle l'usage de grands éventails pour marquer l'autorité. Aux temps primitifs, il est possible qu'ils aient été utilisés lors de rituels associés au feu, ou pour évoquer la puissance du vent. Les éventails sont aussi utiles pour se protéger des insectes ou de la chaleur, ce qui a pu contribuer à ce qu'ils deviennent des symboles du pouvoir en Asie comme en Afrique. Un autre emblème traditionnel de l'autorité est utilisé par les puissants dans certains pays africains : le **chasse-mouches (247)**,

aussi présent lors de cérémonies en Inde et en Chine. Il est possible qu'il existe là une relation avec le **fléau à céréales (248)**, attribué au pharaon comme symbole de son autorité, particulièrement en matière pénale.

249 BÂTON

Les Anciens attribuaient aux simples bâtons des vertus magiques liées au pouvoir, en fonction des qualités supposées des arbres dont ils proviennent, et par les rapprochements qui sont faits avec le serpent et le phallus. D'innombrables légendes et contes populaires décrivent comment le bâton devient un symbole de puissance, lorsqu'il est utilisé par un héros charismatique ; il permet même d'accomplir des miracles. Ainsi, dans le Livre des Nombres, Aaron, frère de Moïse, obtient de devenir le grand prêtre des Hébreux lorsque son bâton se couvre de fleurs et d'amandes.

250 CLEF

L'usage des clefs comme symbole de l'autorité était répandu dans de nombreuses civilisations anciennes. Il existe encore des cérémonies officielles où elles jouent un rôle important. Par exemple, le Pape nouvellement élu reçoit des clefs en or et en argent, disposées en croix, comme affirmation de son pouvoir suprême. Spirituellement, elles représentent aussi les « clefs du royaume », celles de saint Pierre.

251 GOUVERNAIL

Les gouvernails, en particulier les modèles rudimentaires des premiers âges de la navigation, ont été utilisés par certaines civilisations de marins comme motifs décoratifs. Ces derniers symbolisaient le pouvoir et le droit d'être en charge des affaires d'une cité ou d'un peuple. À la Renaissance, on les retrouve figurés dans plusieurs représentations allégoriques, où ils doivent alors être interprétés comme des symboles de la Providence divine.

252 CHAR

Pour les peintres et les sculpteurs, le char est un moyen splendide de représenter le pouvoir, l'autorité ou la conduite des affaires publiques, dont il constitue une métaphore très parlante. Dès les débuts de son utilisation, d'abord à des fins guerrières, il devint un emblème solaire, mais fut aussi associé à la victoire. Son sens symbolique s'élargit plus tard à la spiritualité : on l'observe par exemple dans la Bible, dans le Livre des Rois, lorsque le prophète Élias est

Voir aussi

252 Chariot p.356

253 Jade pp.82, 220

255 Géants p.248

transporté au ciel par un chariot de feu. La puissance spirituelle des figures religieuses représentées conduisant un char est accentuée par les caractéristiques de ce dernier, très souvent tiré par des créatures qui possèdent elles-mêmes un symbolisme particulier.

253 JADE

Les objets qui conféraient l'autorité devaient souvent leur force symbolique au matériau qui les constituait. Ainsi le jade, dans lequel était sculpté le sceau des empereurs de Chine, affirmait la nature céleste de leur légitimité. Et les Maori de Nouvelle-Zélande façonnaient le *mere* sacré, c'est-à-dire un sceptre symbolisant l'autorité du chef tribal, dans un jade très particulier, la néphrite verte, qu'ils nommaient *pounamu*.

254 CHAÎNES

La tenue de certains dignitaires, comme celle des huissiers, comporte des chaînes ornementales qui rappellent qu'un lien doit unir les membres d'une organisation pour atteindre leurs objectifs communs. L'autorité détenue par les porteurs de ces chaînes est en général temporaire et fait allusion à un pouvoir collégial.

255 GÉANTS

Ils sont présents dans la mythologie, les traditions folkloriques et les légendes. Certains psychologues considèrent qu'ils symbolisent une autorité imposée, tyrannique ou pesante. Ce sens emblématique est évidemment en rapport avec leur taille menaçante.

ATTRIBUTS MONARCHIQUES

256 SOLEIL

Puisqu'il est pour nous le plus brillant de tous les corps célestes, il était inévitable qu'il devînt le symbole de la royauté. En Égypte, les pharaons étaient identifiés à la majesté de cet astre, à tel point que les prêtres du grand monarque réformateur Akhénaton enseignaient que ce dernier était une émanation des rayons solaires. Ces liens symboliques entre la royauté et le Soleil ont trouvé plus tard une expression privilégiée par l'utilisation particulière du métal et de la couleur **or (257)**. Au moment de leur accession au trône, les empereurs incas du Pérou devaient s'enduire le corps d'une résine que l'on poudrait d'or ; cette tradition fut sans doute à l'origine des légendes du pays de l'Eldorado. Lorsqu'ils mouraient, les monarques, ces « enfants du Soleil », étaient embaumés et leurs corps installés dans des temples, assis sur des trônes dorés. Au XVIIe siècle, l'architecture et les statues du palais de Versailles proclamaient avec éclat la puissance de la monarchie absolue de Louis XIV, le Roi-Soleil.

258 POURPRE

Le symbolisme qui attache cette couleur à la royauté et à la haute dignité sociale s'explique partiellement par le coût élevé de la fabrication de la teinture dans l'Antiquité. Elle se faisait à partir d'un mollusque, le murex, qui donnait cette nuance rouge vif. L'expression « être né dans la pourpre » est une allusion à la vive couleur des draperies dont étaient tendues les chambres où naissaient les enfants des empereurs de Byzance.

259 PAON

La splendeur des plumes de la queue du paon lorsqu'il fait la roue a fait de cet oiseau un symbole royal et solaire, notamment en Inde et en Perse où les monarques utilisaient le « trône du paon », orné de pierreries, qui avait été arraché aux Mogols de Delhi, au XVIIIe siècle. En Chine, l'oiseau était l'emblème de la dynastie des Ming (1368-1644).

260 FLEUR DE LYS

Cette représentation stylisée d'un lys est devenue l'emblème de la maison royale de France dès le XIIe siècle ; cette bannière était à l'origine parsemée de fleurs, mais n'en porta plus que trois par la suite, pour célébrer la Sainte Trinité. L'ancienne Byzance associait déjà le lys et la monarchie. Une légende raconte par ailleurs que le chef franc Clovis avait adopté la fleur comme emblème de pureté lors de son baptême, qui lui permit d'affermir son autorité royale au début du VIe siècle.

Voir aussi

259 Paon pp.140, 193 &.329

261 TRÔNE

Les sièges utilisés par les souverains lors des grandes occasions sont devenus des symboles éclatants de leur statut et de leur autorité, d'autant qu'ils sont placés en position surélevée, construits en matériaux précieux et ornés de joyaux : déjà le roi Salomon possédait un trône d'ivoire, auquel il accédait par six marches. Ils sont parfois surmontés d'un **dais (262)**, qui indique que le monarque bénéficie du soutien et de la protection d'un pouvoir encore plus grand, celui du ciel. Chez les Hindous, les dais réservés aux prêtres étaient carrés, et ceux des rois arrondis.

263 COURONNE

Tout au long de l'histoire, les monarques ont tiré leur légitimité de leur sacre, et la couronne constitue l'emblème suprême de la souveraineté. La puissance de ce symbole tient notamment à sa forme circulaire, qui évoque la protection, et à son lien avec la tête, qui rappelle l'autorité. Les premières couronnes avaient sans doute l'aspect de **guirlandes (264**) de fleurs dorées, qui rappelaient le rayonnement du Soleil. Elles trouvent peut-être leur origine dans l'usage antique de ceindre de lauriers la tête des héros et des athlètes victorieux. À l'époque hellénistique, certains monarques portaient le **diadème (265),** orné d'un joyau central, d'autres encore des heaumes décorés. Dès le Moyen Âge, la plupart des couronnes très élaborées étaient circulaires, pour rappeler le pouvoir et portaient des motifs ornementaux comme les lys et des pierres précieuses.

266 SCEPTRE

Les sceptres royaux sont naturellement des emblèmes du pouvoir ; ils sont, de plus, souvent associés à la notion de suzeraineté sur d'autres États ou d'autres princes, ce que symbolisaient le sceptre impérial romain et son aigle. Celui des monarques britanniques est lui doté d'un globe et d'une croix, pour marquer la dimension spirituelle de son autorité suprême. La présence parmi les attributs royaux d'un **globe (267)** isolé n'est pas rare. Surmonté d'une croix, il rappelle l'ancien emblème des empereurs romains et leur essence divine. En peinture, certains dieux ou certaines figures allégoriques tiennent un globe ou une sphère indiquant l'universalité et le caractère absolu de leur pouvoir.

268 ABEILLES

En Égypte, selon la légende, les larmes du dieu solaire Râ, en tombant sur la terre, s'étaient transformées en abeilles. Cette origine divine les associa tout naturellement avec les pharaons, eux-mêmes liés au Soleil. Elles devinrent aussi un symbole royal, en Grèce et dans tout le Proche-Orient ; en outre, l'organisation sociale des ruches évoque un système monarchique. À la suite de la campagne d'Égypte, Napoléon Bonaparte choisit également les abeilles comme emblème : il en fit broder sur la robe qu'il portait lorsqu'il fut sacré empereur des Français.

269 ANIMAUX ROYAUX

Depuis la nuit des temps, les représentations d'animaux sont utilisées comme emblèmes des qualités qui étaient l'apanage, au moins supposé, des puissants. Dans la symbolique occidentale, le rôle du **lion (270),** le « roi des animaux », comme emblème monarchique, est évident. Richard Cœur-de-Lion compte parmi les nombreux monarques qui ont fait appel à la puissance de ce symbole, lié au Soleil, au pouvoir et au courage. Le thème des chasses royales au lion est largement utilisé dans l'architecture en Asie occidentale. Il est l'emblème des rois d'Écosse et d'Angleterre, entre autres, et plus récemment, l'empereur d'Éthiopie, Haïlé Sélassié, le Négus, portait parmi ses nombreux titres celui de « Lion de Juda ».

Voir aussi

268 Abeille p.338

L'**éléphant (271)** était également un emblème de la royauté. En Afrique, et surtout en Inde, il est fréquemment présent dans les représentations des dieux et des monarques, à qui il sert de monture. En Amérique du Sud, le **jaguar (272)** est l'animal emblématique des monarques. L'**aigle (273)**, à Rome et ailleurs, et le **faucon (274)** – en Égypte et au Pérou – règnent tous deux symboliquement dans les airs, et sont associés aux âmes des rois et des empereurs.

FORCE ET MAÎTRISE

275 HERCULE (HÉRAKLÈS)

Hercule est la plus célèbre incarnation de la force physique dans l'art de l'Occident. Il doit en partie cette distinction au génie des Grecs pour créer des mythes immortels, notamment à travers la fameuse épopée des Douze Travaux, qu'il devait exécuter pour expier sa faute : il avait tué ses enfants dans un accès de démence. Hercule est une figure mi-humaine, mi-surnaturelle, dont on retrouve des traits dans des légendes plus anciennes du Proche-Orient. Sa force est telle qu'il réussit même à soutenir le monde, lorsqu'il eut à prendre temporairement la place du Titan **Atlas (276).** Des exploits surhumains, comme lorsqu'il fendit une montagne en deux, formant ainsi le détroit des Colonnes d'Hercule à l'entrée de la Méditerranée, sont moins souvent représentés que ceux qui sont presque crédibles, comme l'épisode du lion de Némée qu'il étrangla après avoir maintenu ses mâchoires ouvertes à l'aide d'un bâton. C'est cet épisode qui explique pourquoi les peintres montrent souvent Hercule vêtu de la fourrure d'un lion, alors que les sculpteurs le représentent nu, en insistant sur la puissance de sa musculature.

277 TOTEMS

Dans le monde entier, les sociétés tribales ont choisi des animaux ou des plantes particulières pour exprimer l'identité spécifique d'une tribu ou d'un clan, et ces totems acquirent un statut symbolique et parfois sacré. En Amérique du Nord en particulier, de nombreuses créatures totémiques incarnent des qualités très admirées par le groupe, comme la force ou la détermination. Elles ne sont pas toutes effrayantes, loin de là : le **saumon (278)**, choisi par de nombreuses tribus de la côte nord du Pacifique est un emblème de force, à cause de l'énergie et du courage qu'il manifeste en remontant les cours d'eau pour frayer.

279 OURS

Il tient une place particulière parmi les grands animaux totémiques en Amérique du Nord, peut-être parce que son aspect presque humain lorsqu'il se tient debout rend d'autant plus frappante l'évocation d'une force surhumaine. C'est aussi ce qui explique l'abondance des contes traditionnels dans lesquels l'ours s'unit avec des femmes, et engendre une descendance. L'ours était considéré comme une figure ancestrale chez les Ainu, au nord du Japon. En Scandinavie, où les Berserkers portaient des peaux d'ours pour combattre, il représentait la puissance du dieu Odin. Il était associé à la déesse celtique Artio, protectrice de Berne.

280 SANGLIER

En Europe du Nord et dans le monde celtique, le sanglier était un symbole de force et de résolution encore plus puissant que l'ours. Les guerriers suédois portaient des heaumes en peau de sanglier, à la fois pour manifester leur combativité et pour appeler une protection. Ce double sens symbolique explique les nombreuses statues votives de sangliers découvertes par les archéologues un peu partout en Europe où il était l'attribut de nombreux dieux guerriers.

281 HIPPOPOTAME

Il symbolise la force animale primaire et brutale dans le Livre de Job, où il porte le nom de Behemoth, une créature terrienne qui est le pendant du **Léviathan (282)** des profondeurs. Ces deux créatures sont des symboles impressionnants pour évoquer l'énergie aveugle et sans discernement de l'humanité, qui a besoin de l'assistance divine pour la canaliser. Cet animal a parfois un sens bénéfique : ainsi la déesse égyptienne Thonéris (ou Ta-uret) est-elle perçue comme l'emblème d'une entité puissante et protectrice.

283-285 ANIMAUX « SOUTIENS »

En dehors de l'hippopotame femelle d'Égypte, beaucoup d'animaux symbolisent une énergie défensive ou de soutien. En Inde et en Chine, l'**éléphant (283)** symbolise la force morale. D'ailleurs, le dieu hindou de la Sagesse et de l'Intellect, Ganesha, a

une tête d'éléphant. Et bien qu'il soit la monture du dieu du Tonnerre Indra, il est plutôt symboliquement associé au calme et à la paix. Selon les anciennes légendes hindoues, le monde est soutenu par un éléphant fabuleux, qui se tient lui-même sur le dos d'une **tortue (284)**. Cette conception peut provenir des mythologies chinoises, dans lesquelles la tortue cosmique Ao maintient le monde en équilibre. C'est pour exprimer ce symbole que les piliers des tombes impériales chinoises sont portés par des tortues de pierre. Au Japon, la « montagne du monde » s'appuie sur le dos d'une tortue. La force tranquille est également évoquée dans le monde entier par le **bœuf (285),** symbole bénéfique.

286 PILIER

L'évidence du rôle des piliers pour le soutien des bâtiments en a fait des symboles de force et de stabilité. Les architectes de l'Antiquité construirent fréquemment des colonnes et des piliers isolés, en renforçant encore ce message symbolique, et en les ornant parfois de statues ou de bustes de dieux particulièrement puissants. Deux piliers gigantesques flanquaient le porche du temple de Salomon, comme emblème de la force née de la dualité.

C'est la même signification que revêtent les colonnes qui figurent dans des légendes comme celle du héros irlandais Cuchúlainn, qui s'attache à un pilier

Voir aussi

283 Éléphant p. 201

284 Tortue p. 41

pour pouvoir mourir debout, ou encore celle de Samson, qui meurt en renversant les colonnes du temple des Philistins, auxquelles il est enchaîné.

287 CHEVEUX LONGS

Samson, qui perdit sa force lorsque Dalila, le trahissant, lui coupa les cheveux, appartenait à une secte nazaréenne qui considérait les longues chevelures non seulement comme un symbole de sainteté, mais aussi de force. Cette croyance très ancienne a encore cours aujourd'hui dans la secte sikh de Khalsa.

288 ARC

Dans l'art, les athlètes, les héros et les dieux portent souvent un arc, symbole de force. L'exemple le plus célèbre se trouve dans l'*Odyssée* d'Homère, lorsqu'il est fait allusion au grand arc qu'Ulysse seul peut courber pour y fixer une corde. Il l'utilisa pour tuer les prétendants de sa femme Pénélope à son retour à Ithaque. Au Japon, dans l'éthique des samouraïs, l'arc est l'emblème de la force contenue et dominée, qu'elle soit physique, mentale ou spirituelle.

289 ROUGE

Pour les psychologues spécialistes de la vision, le rouge est une couleur dynamique, qui paraît plus intense que d'autres. Cette caractéristique, ainsi que les liens qui l'associent au feu, à la vitalité et à l'énergie, en ont fait la couleur la plus chargée de sens symbolique. Elle est en relation avec la force et la puissance de Mars et d'autres dieux guerriers.

Voir aussi
287 Mèche de cheveux p. 230 ; Cheveux longs p. 271
289 Pierres rouges p. 231 ; Rouge p. 75

MASCULINITÉ ET VIRILITÉ

290 PÈRE

Les structures sociales des civilisations de l'Antiquité présentaient un caractère patriarcal marqué, dont le symbolisme de la figure dominante du père se fait l'écho. On a ainsi identifié un nombre pléthorique de dieux primordiaux de la Guerre, du Feu ou du Soleil, représentés sous l'aspect d'hommes dans la force de l'âge ou de vieillards vénérables. Cette thématique est particulièrement sensible dans les domaines qui concernent le droit, l'élaboration des lois et la répression pénale : les mythologies regorgent de légendes dans lesquelles un père voit son autorité contestée par un fils. Le Dieu d'amour et de miséricorde, tel que Jésus l'évoque dans le Nouveau Testament, témoigne d'une conception qui s'éloigne radicalement du symbolisme traditionnel qui faisait du père un autocrate sévère.

291 HOMME

Le Soleil et le feu ont toujours été associés emblématiquement à la masculinité, mais les plus anciens symboles qui s'y rapportent ont d'abord été des objets phalliques, comme les pierres levées, qui étaient au centre de nombreux rituels, et plus généralement ceux qui évoquent la pénétration. La figure masculine nue pouvait aussi symboliser l'humanité comme microcosme de l'univers. Le célèbre dessin de Léonard de Vinci d'un homme dont les bras et les jambes écartés rappellent les quatre directions de l'espace, en témoigne.

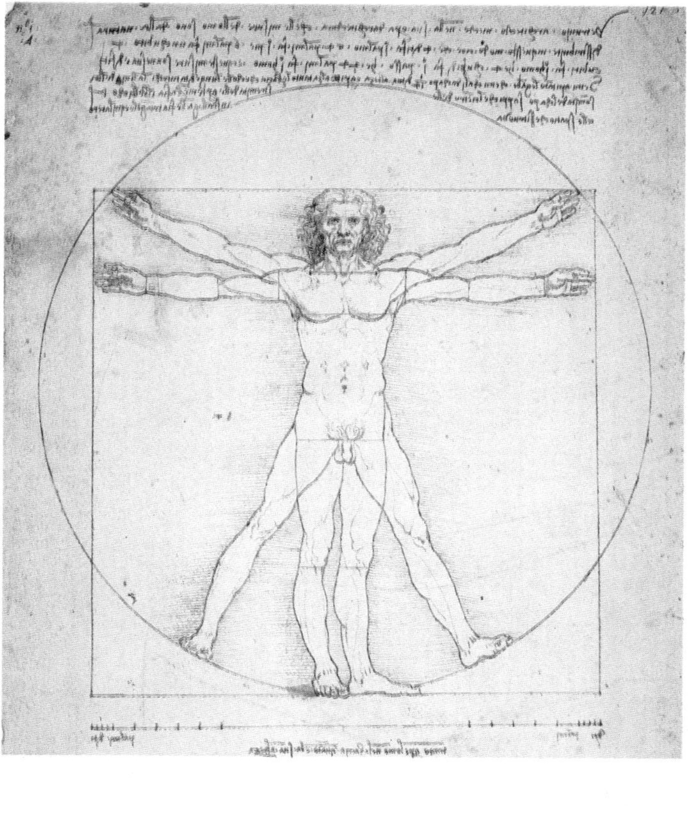

292 PHALLUS

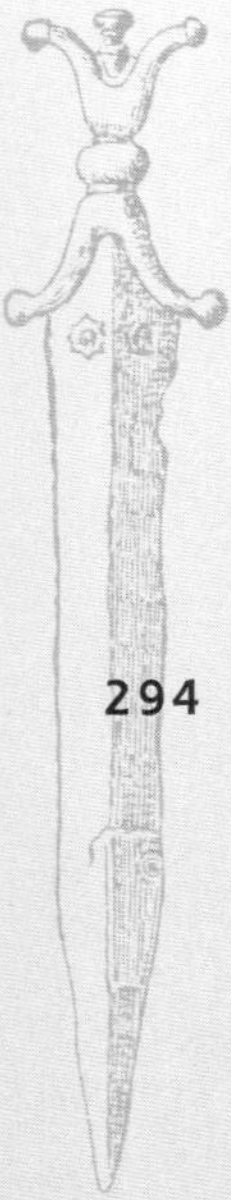

Le phallus symbolise la création, la force de vie ou la fertilité de la nature et des humains. Les amulettes et les talismans phalliques étaient largement utilisés pour éviter la stérilité, ou encore par les agriculteurs et les pêcheurs pour garantir de bonnes récoltes ou des prises abondantes. Des objets phalliques ont aussi été retrouvés dans les sépultures, où ils étaient sans doute déposés pour évoquer la renaissance.

Dans la grotte de l'Eléphante à Bombay, le **lingam (293)**, un imposant roc noir et poli, de forme conique, représente la puissance procréatrice de Shiva. Il jouait un rôle essentiel dans certains rituels religieux : ce symbole masculin de fertilité était considéré comme l'un des points de convergence des forces spirituelles du monde.

294 ARMES

Il est fréquent d'attribuer aux armes un caractère phallique, mais aussi masculin au sens large. Dans l'art, leur présence peut donner lieu à des interprétations multiples. Ainsi le tableau célèbre de Botticelli, *Mars et Vénus*, constitue-t-il une allégorie du triomphe de l'amour sur la guerre, et sur l'agressivité du désir masculin ; il montre des cupidons, serviteurs de la déesse de l'Amour, qui jouent avec la **lance (295)** de Mars endormi sur sa couche (voir pp. 272-273).

Dans l'iconographie phénicienne, le **javelot (296)** à lame dentelée, est l'attribut du

Voir aussi
292 Phallus p.27

dieu des Tempêtes Hadad, qui l'enfonce puissamment dans la terre. Le symbole est double : il s'agit d'évoquer la foudre et aussi la puissance de la fertilité masculine. Ce mythe n'est pas sans analogie avec celui du dieu japonais de la Création, Izanagi qui utilisa un javelot orné de joyaux pour agiter l'eau de l'océan primal : lorsqu'il le releva, les gouttes d'eau qui en tombèrent formèrent les premières îles.

297 TORCHE

La forme de la torche allumée et le symbolisme du feu qu'elle porte en ont fait un emblème privilégié de la virilité et du désir. L'usage de torches enflammées dans certains rituels de mariage confirme ce lien avec la fertilité.

298 OBÉLISQUE

Les obélisques érigés près des temples égyptiens ont une signification symbolique à la fois solaire et phallique. Leur hauteur et la dorure qui couvrait souvent leur pointe pyramidale prouvent qu'ils étaient avant tout destinés à glorifier la lumière de l'astre qu'ils réfléchissaient. Ils avaient ainsi une fonction dans le culte solaire. Leur forme allongée n'en évoque pas moins le symbolisme de fertilité des rayons du Soleil qui pénètrent la terre. Les

arbres de mai (299) celtiques rassemblent eux aussi les symbolismes de la fertilité et celui du phallus, mais évoquent plus directement l'énergie du nouveau Soleil du printemps. Les rituels qui l'utilisent se rattachent aux célébrations grecques et romaines centrées sur la résurrection du dieu Attis. Ce symbolisme sexuel était encore accentué par la coutume d'enfiler sur le mât un anneau ou un disque percé en son centre, ou encore par les rondes qu'on dansait tout autour.

300 TORQUE

Dans bien des cultures anciennes, pour être considéré comme un adulte à part entière, il fallait pouvoir devenir un guerrier. L'acquisition de ce statut social était confirmée par l'usage d'emblèmes ou de parures corporelles, entre autres des bijoux, comme par exemple le torque pour les Celtes. Porté autour du cou, cet anneau de métal ouvert était devenu un symbole fondamental du pouvoir masculin, au point d'être enterré avec les morts. Les Gaulois du IIIe siècle av. J.-C. combattaient nus, mais gardaient leur torque, comme le montre la célèbre statue du *Gaulois mourant* (v. 230 av. J.-C.) d'un sculpteur romain anonyme.

301 BARBE

La barbe a été un important symbole de virilité dans plusieurs civilisations, asso-

cié à l'autorité masculine, comme le révèle la fréquence des images montrant des dieux et des princes barbus dans l'art occidental. En Égypte, les jeunes rois ou les reines étaient parfois montrés portant de fausses barbes.

302 ROIS

Depuis toujours, le roi représente symboliquement l'archétype de la perfection masculine. La puissance divine elle-même légitime son autorité sur ses sujets, et il est souvent réputé posséder des capacités surnaturelles. Sa virilité et en particulier sa capacité à engendrer des fils sont étroitement associées à la prospérité de son pays. L'affaiblissement de ses pouvoirs correspond au déclin de son royaume, comme le Roi Pêcheur, dans la légende du Saint Graal.

303 ANIMAUX

La signification symbolique d'un animal peut varier grandement selon son sexe. Cela se constate très nettement dans les traditions des pays marqués par le christianisme. Dans les cultures et les croyances païennes qui lui préexistaient, les mâles des espèces animales avaient une importance prédominante, et cette considération a conduit plus tard, par un effet inverse, à leur attribuer un symbolisme négatif, celui de la lubricité. Ainsi le **bouc (304)** est-il associé à l'impureté ou aux comportements sexuels débridés et déplacés – traiter quelqu'un de « vieux bouc » est une allusion insultante assez claire. En revanche, le bouc est un emblème masculin positif en Inde, comme dans les mythologies antiques de Grèce et de Sumer.

Le tempérament fougueux du **taureau (305**) lui a aussi valu d'être associé à de nombreux dieux, dont il était une incarnation, comme Zeus, qui enleva Europe en prenant la forme d'un taureau. La dévotion particulière qui entourait le taureau en Crète se retrouve dans les légendes locales, comme celle de la reine Pasiphaé, femme de Minos, qui aima éperdument un taureau blanc. Elle donna alors naissance au Minotaure, à corps humain et tête de taureau. Le **cerf (306)** et le **bélier (307)** sont aussi des emblèmes positifs de la virilité dans de nombreuses cultures. Le **rhinocéros (308)** en est un autre exemple en Inde où sa corne, réduite en poudre, est censée renforcer la virilité humaine.

Voir aussi
304 Chèvre p. 60
305 Taureau p.363

FÉMINITÉ ET MATERNITÉ

309 FEMME

L'attribution aux femmes de certains traits de caractère considérés comme typiques, ainsi la finesse et l'acuité de l'intuition, mais aussi l'inconstance, remonte très loin dans le passé. Cela explique peut-être pourquoi, dans les légendes et les mythes, les femmes sont souvent des magiciennes, versées dans l'art divinatoire, ou encore des sibylles ou des pythies dont les oracles ambigus peuvent donner lieu à des interprétations contradictoires. Cette ambivalence se retrouve dans la symbolique chrétienne, où les vertus comme les vices sont généralement représentées sous des traits féminins. Cependant, les plus anciens des emblèmes de nature féminine sont pour la plupart liés à la protection ou à l'accueil. Ils reflètent l'importance traditionnelle dévolue aux femmes pour donner la vie et la porter, ainsi que leur rôle nourricier. La liste des **réceptacles (310)** et des formes qui symbolisent la nature féminine est longue : bateaux, bols, coupes, boîtes, paniers, fleurs en forme de calice, gobelets, cruches, vases et puits. Les légendes et l'iconographie le rappellent sans ambiguïté. Sur un plan plus vaste, la **mer (311)** elle-même est un symbole féminin et maternel.

312 MÈRE

La grande déesse mère a été une figure puissante dans le monde entier dès les premiers âges. Les plus anciennes mythologies mentionnent l'importance de la **Grande Mère (313)**, non seulement comme symbole de la Terre, mais aussi comme source de la vie, celle des dieux, des hommes ou de la nature. Selon Hésiode, elle était Gê ou Gaia, la plus ancienne de toutes les divinités. Elle n'était pas sans analogie avec la Cybèle d'Asie mineure, dont le culte se propagea jusqu'à Rome. De nombreuses déesses de la nature de moindre importance étaient vénérées pour assurer l'abondance des récoltes. Un symbole moins rassurant, lié à la dualité de la création et de la destruction, est présent dans la mythologie et l'iconographie : il s'agit de la **« Mère dévorante » (314)**, ou « courroucée » incarnée, entre autres, par la déesse indienne Kali. Ces figures évoquent l'aspect négatif de l'amour maternel, comme la possessivité dévorante.

315 LUNE

Les divinités lunaires sont en général féminines, mais il existe des exceptions notables (Sumer, Japon, Océanie, mondes teutonique ou celtique). Les durées comparables du cycle menstruel et des phases de la Lune ont créé un fort lien symbolique, repérable jusque dans l'iconographie de la Vierge, parfois représentée avec un croissant de lune. Il s'agit là d'une allusion à un passage de l'Apocalypse, dans lequel une femme céleste, qui a la Lune à ses pieds, donne naissance à un sauveur. Peut-être s'agit-il de l'écho de traditions plus anciennes de déesses vierges de la Lune, comme Artémis (la Diane des Romains). Les civilisations de chasseurs attachaient beaucoup d'importance à la Lune, qui était l'unique source de lumière pendant la nuit. L'astre nocturne et la féminité sont souvent symboliquement associés aux pratiques occultes, à la sor-

Voir aussi

315 Lune
pp.263 &.326

cellerie, au monde des émotions et des mutations. La **reine (316)** est à la Lune ce que le roi est au Soleil, et représente l'archétype de la perfection féminine ; sa couleur symbolique est l'argent.

Voir aussi

317 Triangle
pp. 90 & 310

317 TRIANGLE

Il est considéré comme un symbole féminin en Chine. Ailleurs, c'est le cas seulement lorsqu'il est placé la pointe en bas, avec éventuellement une ligne verticale transversale : il représente alors le pubis de la femme. Deux triangles enchevêtrés évoquent un rapprochement synthétique ; lorsque seules leurs pointes se touchent, il s'agit de l'union sexuelle.

318 VULVE

Dans l'art des Indiens d'Amérique, un anneau stylisé entourant la base d'objets phalliques en pierre rappelle le rôle de la féminité dans la fonction de reproduction. Cette imagerie duale se retrouve également dans l'art des civilisations précolombiennes : les organes sexuels féminins sont symbolisés par un **losange (319)** parfois associé à un serpent phallique. Des motifs en losanges, qui évoquent la fertilité, décoraient les vêtements des femmes en Amérique centrale. Au Mali, un losange arrondi, portant un point à l'intérieur de l'une de ses extrémités, symbolise le sexe de la jeune fille. La vulve et l'utérus, ou **yoni (320)** dans le bouddhisme tantrique, ont une valeur spirituelle. Le motif aux bords incurvés qui les représente rappelle les entrées qui permettent de traverser les renaissances successives conduisant à l'illumination (ou éveil). La **coquille (321)** évoque à la fois la fertilité et l'érotisme par la concavité de ses formes et son lien avec la mer, source de vie comme dans le chef-d'œuvre de Botticelli, *La Naissance de Vénus* (ci-dessous). Les cauris, avec leur surface lisse et leurs courbes labiales, étaient utilisés dans les rituels magiques associés à la fertilité.

322 ANIMAUX FEMELLES

Dans la mythologie, le folklore ou l'art, la plupart des animaux femelles sont des symboles positifs associés à la fécondité. La douceur et la placidité de la **vache (323)**, ont contribué à en faire l'emblème de nombreuses déesses mères. La déesse égyptienne Hathor est représentée avec une tête de vache portant entre ses cornes un disque solaire. Les mythes védiques sont à l'origine des traditions qui font de la vache un animal particulièrement sacré en Inde. Placée sous la protection de Krishna, la vache était considérée comme le plus précieux des cadeaux que les dieux ont offerts à l'humanité. Elle incarne également l'abnégation des femmes, qui allaitent leurs enfants. Bien des mythes racontent comment des bébés ont été nourris et élevés par des **chèvres (324)** ou des **ourses (325)**. Ce symbolisme protecteur prend une tonalité plus féroce quand des **louves (326)** allaitent des héros, comme par exemple Romulus et Remus, les fondateurs de la Cité éternelle. Ces légendes permettent de comprendre pourquoi, bien plus tard, certains princes ou chefs de guerre comme Gengis Khan proclamaient qu'ils comptaient des loups parmi leurs ancêtres.

327 CHAT

Le symbolisme lié au chat est presque partout féminin, peut-être parce que les habitudes et les chasses nocturnes de ces félins les associent à la Lune. Leur nature lunaire et féminine était claire pour les Égyptiens, où la dévotion dont ils faisaient l'objet était très

répandue. Au départ, c'est la déesse lionne Sekhmet qui était ainsi honorée, et son culte se confondit plus tard avec celui de la déesse de la Fertilité Bastet, qui avait l'aspect d'une femme à tête de chat. Dans l'iconographie égyptienne, le caractère bénéfique du symbolisme du chat est clair : l'animal est montré tuant avec férocité un serpent qui menace le Soleil au cours de son voyage nocturne dans le monde souterrain. Dans l'Europe médiévale, la grâce des mouvements du chat et sa tendance à sortir brusquement les griffes, sans qu'on s'y attende, l'ont associé aux femmes, y compris pour leurs défauts supposés comme leur malveillance ou la rapidité déconcertante de leurs changements d'humeur, d'attitude ou même d'apparence. Ce symbolisme négatif se retrouve aussi dans certains contes du folklore japonais, où des chats néfastes prennent possession du corps des femmes.

Voir aussi
327 Chat p.159

328 MONSTRES HYBRIDES FEMELLES

Ces hybrides menaçants, aux corps d'animaux avec des têtes de femmes, hantent la mythologie grecque classique. Les **Harpies (329)** glapissantes et les **Furies (330)** implacables sont des symboles cruels qui évoquent les châtiments. Plus souvent encore, les hybrides femelles se présentent sous les aspects tentateurs de la séduction féminine. Ainsi Homère, dans l'*Odyssée*, décrit-il comment Ulysse se fait attacher au mât de son navire pour résister à l'envoûtement du chant des **sirènes (331)**, tandis que ses hommes se bouchent les oreilles avec de la cire. Deux monstres célèbres,

Charybde et Scylla (332), étaient la représentation mythique de tourbillons (Charybde) et de récifs (Scylla) dans l'actuel détroit de Messine, dangereux pour les marins, qui n'échappaient aux premiers que pour être victimes des seconds, d'où l'expression encore utilisée de nos jours. Mais ils ont aussi des implications symboliques plus sombres, liées à la succion du sang et au cannibalisme. Si, pour les Grecs, les sirènes avaient la forme d'oiseaux à tête de femmes, elles étaient devenues à l'époque médiévale des créatures aquatiques, comme la mélancolique mais dangereuse **Lorelei (333)** des légendes rhénanes. Les sirènes actuelles, héritières des **Néréides (334),** compagnes des Tritons, ont un corps terminé par une queue de poisson : elles sont une image féminine plus aimable et plus douce pour les marins.

335 COLOMBE

La beauté de cet oiseau et la douceur de son roucoulement en ont fait depuis des siècles un emblème de l'épouse attentionnée. La colombe a sans doute été associée à la loyauté et à l'amour parce que cette espèce vit en couple fidèle toute sa vie. Elle est l'un des animaux consacrés aux déesses grecques de l'Amour Aphrodite (Vénus) et Astarté.

Voir aussi

335 Colombe pp.202 & 266

BEAUTÉ ET GRÂCE

336 PERSONNIFICATION DE LA BEAUTÉ ET DE LA GRÂCE

La beauté est la plupart du temps identifiée à une figure féminine. **Aphrodite (337),** qui est plus souvent désignée sous son nom romain de Vénus dans l'art européen, en est l'archétype. Pour les Grecs, elle est d'ailleurs aussi la déesse de l'Amour – deux concepts indissolublement liés pour la première fois par le génie des sculpteurs grecs.

La grâce est personnifiée également par les trois suivantes d'Aphrodite, les **trois Grâces (338),** représentées sous les traits de trois jeunes filles, nues ou à peine voilées, deux de face, la troisième de dos. C'était là l'un des sujets favoris des peintres de la Renaissance, dont Raphaël. L'épisode mythique du jugement de Pâris fait apparaître une autre figure liée à Aphrodite, **Hélène de Troie (339**), dont la beauté légendaire fut la cause de la guerre de Troie : elle avait été enlevée par le prince troyen Pâris avec l'aide de la déesse. Hélène n'est pas seulement le symbole de la beauté parfaite, mais aussi des conséquences redoutables qu'elle entraîne en suscitant l'envie et en provoquant les conflits.

340 CYGNE

Cet oiseau évoque la beauté et la grâce. Zeus choisit de prendre l'apparence du cygne pour séduire Léda, et engendra ainsi Castor et Pollux. Les légendes dans lesquelles des cygnes se transforment en belles jeunes femmes, ou l'inverse, ont servi de point de départ à l'argument du ballet mis en musique par Tchaïkovski, *Le Lac des cygnes*. Cet animal est associé à la beauté et à la pureté de la lumière.

341 PLEINE LUNE

La pleine lune est depuis des siècles l'emblème de la beauté sereine parce qu'elle se régénère à l'infini avec le temps. Ce dernier n'a donc pas de prise sur elle alors qu'il flétrit la beauté des mortels. Pour les bouddhistes, le mois lunaire est un cycle parfait.

342 FLEURS

Alors que la Lune évoque les aspects éternels de la beauté, les fleurs sont les symboles émouvants de ce qu'elle peut avoir d'éphémère. La plus célébrée d'entre elles, dans la tradition occidentale, est la **rose (343)**, que d'innombrables poèmes utilisent comme métaphore de la beauté de l'aimée. Citons seulement Ronsard : « Mignonne, allons voir si la rose... » et Malherbe : « Et rose elle a vécu ce que vivent les roses, l'espace d'un matin ». En Grèce, les temples d'Aphrodite étaient parsemés de pétales de roses. La fleur évoque aussi la volupté et la beauté sensuelle, surtout lorsqu'elle est rouge. En Égypte, en Inde, au Japon et en Chine, c'est le **lotus (344),** dont les pétales rayonnants rappellent ce que peut être la perfection. L'**orchidée (345)** est aussi pour les Chinois un emblème de la beauté raffinée, alors que la **pivoine (346)**, à l'aspect plus spectaculaire et éclatant, est la fleur impériale. Le **camélia (347)** y est également très en faveur. Il rappelle l'éclat et le rayonnement qu'apporte la bonne santé à la beauté.

348 CHAT

C'est de tous les animaux celui qui évoque tout particulièrement la beauté et la grâce. À cela s'ajoute, en Inde, une dimension spirituelle, puisque le chat y symbolise l'état de béatitude. Ses liens avec la sorcellerie s'expliquent peut-être par l'association symbolique étroite qui rapproche la beauté de l'enchantement, donc du sortilège. Dans de nombreux contes folkloriques, les sorcières apparaissent sous les traits de belles jeunes femmes, parfois douées du pouvoir de se métamorphoser en chattes.

349 OISEAUX

De nombreuses espèces d'oiseaux servent de métaphores pour exprimer la beauté dans ce qu'elle a de plus gracieux, en particulier le cygne (voir p.131). Deux d'entre elles sont investies de valeurs symboliques encore plus anciennes : la **perdrix (350)** était associée en Grèce à Aphrodite, en Inde au pouvoir de séduction du regard et en Chine avec l'élégance. Le **faisan (351)** mâle et en particulier le faisan doré, dont l'éclat du plumage était lié à celui du Soleil, est également un emblème de la beauté en Chine. Il est sans doute avec le **paon (352)** à l'origine des légendes concernant le fabuleux phénix.

353 PERLE

Dans la symbolique des pierres précieuses, la perle est l'emblème le plus courant de la beauté féminine, peut-être parce qu'elle est également associée à la Lune et aussi à la déesse Aphrodite, née de la mer, et souvent peinte sortant d'un coquillage (voir p. 125). Un autre message est que la perle, comme la femme, devient de plus en plus belle à mesure qu'elle se développe.

Voir aussi

342 Fleurs pp.36 & 53

349 Oiseaux p.135

353 Perles pp.55,79, 83 & 202

354 LUMIÈRE

La lumière ne représente pas seulement l'intelligence et la connaissance des choses, mais aussi la spiritualité qui illumine l'esprit. Avant notre ère même, elle était couramment considérée comme une métaphore de la divinité, parce qu'elle était associée à la lumière émise par le Soleil, destinée à gouverner le jour selon la Genèse. La lueur de la Lune, qui réfléchit celle du Soleil, était perçue dans l'Antiquité comme ayant une nature différente : elle était associée à la pensée et à la sagesse conférée par la raison. Dans les deux cas, cette symbolique est fondée sur un postulat simple : la lumière permet aux hommes d'explorer et d'expliquer le monde qui les entoure, alors que l'obscurité les laisse dans une ignorance aveugle.

355 BLEU

Le symbolisme céleste propre au bleu l'a spécialement associé à l'érudition pour les Chinois ; plus généralement, il en a fait pour les bouddhistes un emblème de la sagesse transcendante. Pour cette raison, le bleu est en général considéré comme la teinte la plus immatérielle dans le spectre des couleurs usuelles. Il suggère le calme que connaît l'être quand il évolue vers la conscience du Soi, selon la psychologie jungienne.

356 MERCURE (HERMÈS)

Dans la symbolique des planètes aussi bien que dans l'art de la Renaissance, Mercure, le

Voir aussi

354 Lumière pp. 144 & 304

355 Bleu p. 255

messager des dieux, personnifie la raison, la vivacité de la pensée, l'éducation et l'éloquence. Certains artiste l'ont peint en professeur de Cupidon. Pour les Grecs, Hermès était un dieu plutôt rusé que cultivé..Il fut, plus tard, associé à Thot, le dieu égyptien de l'Écriture ; c'est ainsi que le terme « hermétique » désigna d'abord pour les Anciens un enseignement plus ou moins secret ou occulte.

357 OISEAUX

L'aptitude à la communication et le désir d'expliquer le monde qui nous entoure ont toujours été liés : ainsi Mercure incarne-t-il l'agilité d'esprit et la force de l'intellect, mais ce rôle est également dévolu aux oiseaux, trait d'union entre le ciel et la terre et intermédiaires privilégiés entre le monde d'ici-bas et les hautes sphères de la connaissance. Dans les contes et les légendes, ils font souvent office de messagers. Thot, le dieu égyptien du Savoir et des Scribes, est parfois représenté avec le corps d'un homme et la tête d'un **ibis (358)**. Cet échassier est devenu l'emblème sacré du secret de la connaissance. Il était parfois momifié et déposé dans les tombes royales, parce qu'il était censé servir de guide dans le monde souterrain. La **chouette (359)** est un symbole de l'érudition encore plus célèbre. Les Grecs lui attribuaient le don de prophétie, sans doute à cause de ses yeux particulièrement grands et de son excellente vision la nuit. Elle est devenue l'animal emblématique d'Athéna, la déesse grecque de la Sagesse, de la Science et des Arts. Les monnaies de la cité d'Athènes portaient

d'ailleurs une chouette gravée sur une face. Beaucoup plus tard, les représentations d'une chouette qui cligne des yeux, perchée sur une pile de livres, évoquent familièrement les intellectuels et les universitaires, absorbés dans leurs lectures à l'abri de leurs lunettes.

360 LIVRE

Pour des raisons évidentes, le livre est le plus répandu des symboles du savoir dans les beaux-arts. Il figure souvent au côté des figures allégoriques personnifiant l'histoire, la philosophie et la littérature. Il représente aussi la parole de Dieu, dans les portraits des saints, des prophètes et des apôtres, notamment Jean l'Évangéliste, qui tient souvent le Livre saint à la main.

361 ÉLÉPHANT

La sagacité et la longévité de ce pachyderme ont contribué à faire de lui l'un des principaux symboles de l'intelligence en Inde, et chez certains peuples d'Afrique. Dans le panthéon indien, le dieu à tête d'éléphant, Ganesha, représente la connaissance, en particulier celle des choses concrètes, et il préside au commerce des livres.

Voir aussi

359 Hibou p. 160

361 Éléphant pp. 149 & 251

GARDIENS ET PROTECTEURS

362 PERSONNIFICATION DE LA VIGILANCE

L'obligation d'être toujours en alerte était essentielle dans l'Europe de la fin du Moyen Âge, à une époque où les conflits étaient permanents. Les artistes représentaient cette vertu sous les traits d'une jeune femme, avec à ses côtés une **grue (363)**, qui tient une pierre dans une patte. Les bestiaires de cette période s'appuient sur une légende mentionnée par Aristote, selon laquelle la grue se tient en éveil, lorsqu'elle guette une proie, en utilisant une pierre : si elle cède au sommeil, la pierre qu'elle tient tombe à l'eau, ce qui la réveille.

364 DRAGON

Cet animal fabuleux est parfois en art un symbole de la vigilance car dans de nombreux mythes et légendes il est le gardien zélé de trésors, comme les pommes d'or du Jardin des Hespérides, ou la Toison d'or. Son nom provient du latin *draco*, lui-même dérivé d'un mot grec qui signifie « grand serpent », et qui rappelle une des qualités attribuées à cet animal, celle d'avoir un œil perçant. Le dragon était en effet supposé ne jamais dormir.

365 COQ

L'attention toujours en éveil du coq et sa promptitude à saluer le lever du jour, en ont fait l'un des symboles les plus célèbres de la vigilance. C'est aussi pourquoi sa

Voir aussi

364 Dragon p. 156

365 Coq pp. 173 & 184

silhouette surmonte souvent les girouettes, surtout au sommet des églises. Le coq est aussi censé guetter le mal et rappeler les égarés à leur foi. En France, son installation en haut des clochers se répandit particulièrement après la défaite de 1870 contre la Prusse, ce qui contribua à ce qu'il devienne l'un des symboles de la République, et même, plus péjorativement, du chauvinisme national. Par ailleurs, l'association parfois faite entre la vigilance et le don de prédire l'avenir est une raison probable de l'utilisation des coqs dans les rituels occultes de divination, dans certaines cultures tribales d'Afrique.

366 OIE

Les oies repèrent très vite la présence d'étrangers comme l'ont démontré les oies du Capitole, en 390 av. J.-C. Leurs cris alertèrent la garnison romaine au moment où, après six mois de siège, les guerriers gaulois s'apprêtaient à franchir le dernier bastion des défenses de la ville. Rome vit dans cet incident la main des dieux, et depuis lors, la statue en or d'une oie, devenue symbole de la vigilance, était portée régulièrement en procession à travers la cité.

367 LYNX

En art, le lynx symbolise le sens de la vision. Sa réputation provient de son nom, qui est une déformation du nom de Lyncée, l'un des Argonautes grecs. Il avait des yeux si pénétrants qu'il pouvait voir à travers les murs, dans les cieux et dans les enfers, ce qui en faisait une sentinelle incomparable.

368 ŒIL

Les motifs représentant un œil évoquent la vigilance ou l'omniscience. L'exemple le plus célèbre est celui de l'**oudjat (369)** l' « œil fardé » ou œil d'Horus, dieu du Ciel égyptien à tête de faucon. Cet œil peint stylisé est entouré de lignes courbes et spiralées qui s'inspirent des marques visibles sur la tête des faucons. Il symbolise la surveillance stricte qu'exerçait le dieu sur le respect des lois religieuses et le déroulement des cérémonies. Il figurait aussi sur des amulettes protectrices et dans certains tombeaux. Les « yeux » sur la queue du **paon (370)** mâle symbolisaient aussi la vigilance dans la mythologie grecque. Selon la légende, ce sont les cent yeux d'Argos, le gardien auquel Héra confia la surveillance de sa rivale Io, convoitée par Zeus. Argos fut tué par Hermès, mais Héra jeta ses yeux sur la queue de son oiseau favori. Au Tibet, le paon est le compagnon vigilant d'Amitabha, le compatissant Bouddha de la Lumière infinie.

Voir aussi

370 Paon p. 193

371 Chien p. 299

371 CHIEN

Ces animaux sont certes des gardiens et des protecteurs, mais leur symbolisme est ambivalent. Ils peuvent être de redoutables molosses, comme le féroce Cerbère à trois têtes, qui défend les portes du royaume d'Hadès. Mais dans l'univers celtique et dans la symbolique chrétienne, leur vigilance est bénéfique. Les chiens noir et blanc sont les symboles de l'ordre évangélique des Dominicains, dont les membres sont surnommés les « chiens de garde du Seigneur ».

Vices et vertus

BONTÉ ET ENTITÉS BIENVEILLANTES

372 LUMIÈRE

Ce n'est qu'après des siècles d'adoration du Soleil et du feu que la lumière fut choisie comme le symbole le plus abouti de l'énergie positive dans le monde. Ce symbolisme fut précisé dans les enseignements, au VIe siècle avant J.-C., de Zoroastre (Zarathoustra), réformateur religieux iranien qui, selon toute vraisemblance, rédigea les *Gathas*. Il instaura le concept, développé par ses disciples, d'une lutte fondamentale entre les empires du bien et du mal, le premier dirigé par **Ahura Mazda (373)**, qui avait choisi la lumière, et le second par un seigneur suprême des Ténèbres, Ahriman. Ce système dual rigide influença pour une part le judaïsme, le christianisme et l'islam, et développa une idée résolument novatrice, qui faisait du Diable l'instigateur des mauvaises actions de l'homme.

374 ANGES

Depuis l'époque médiévale, les anges sont les personnifications les plus populaires du bien dans l'art occidental. Ils sont les intermédiaires entre le ciel et la terre. Leur nom, du grec *angelos*, « messager », laisse supposer que leur fonction symbolique première est de porter les bonnes nouvelles. Mais d'autres fonctions leur furent attribuées, celle de la maîtrise des étoiles – notion grecque qui avait la faveur d'Aristote – et de la lutte contre le mal.

Voir aussi
374 Lucifer p.153 ; Ange déchu p. 194

Les gardiens ailés du Proche-Orient antique ont peut-être servi de modèles à des artistes plus récents, qui, tout d'abord, peignirent les anges comme des êtres de sexe masculin.

Fra Angelico, au début du XVe siècle, eut un rôle important en les montrant sous l'aspect de belles jeunes femmes. La théologie chrétienne proposa de classer les anges selon neuf catégories. Les plus proches de Dieu étaient les **séraphins (375)**, habituellement peints en rouge, et les **chérubins (376)**, peints en bleu. On croyait qu'ils avaient tous six ailes. Dans l'art baroque, les chérubins étaient souvent représentés comme des enfants joufflus, ailés, et cette touche plus enjouée se retrouve dans les traditions modernes de Noël, dans lesquelles les anges symbolisent la joie autant que la bonté.

Les **archanges (377)** possédaient un symbolisme spécifique car ils intervenaient dans les affaires humaines. Les plus connus sont Gabriel, messager de l'Annonciation, dont l'attribut est le lys de pureté ; Michel, gardien et instrument de la justice ; et Raphaël, qui tient un bâton comme protecteur des pèlerins, des voyageurs et des enfants.

378 CERCLE

Il semble que les cercles aient depuis toujours eu un symbolisme salutaire et même spirituel En effet, le Soleil, la Lune et les planètes qui, pensait-on, gouvernaient la vie humaine, étaient perçus comme circulaires, non seulement dans leur forme, mais aussi dans leurs déplacements apparents autour de la Terre. L'école grecque de philosophie du IIIe siècle, appelée aujourd'hui néo-platonicienne, adopta le cercle comme idéogramme de l'Un, le bien dans son entièreté, auquel l'esprit humain devrait aspirer. Forme géométrique « parfaite », sans divisions et semblable en chaque point, le cercle évoque aussi bien la totalité que la continuité éternelle, l'union que la maîtrise protectrice. Dans la symbolique chrétienne, la Trinité est souvent représentée par trois cercles superposés. À un niveau beaucoup plus simple, le cercle des fées de la tradition folklorique a un sens tout à la fois mystique, protecteur et bienveillant.

379 MIROIR

Dans les traditions chrétienne et islamique, le miroir brillant est l'emblème de la vertu, le miroir terne signifiant le contraire. L'association du miroir au principe du bien remonte aux idées anciennes concernant les surfaces réfléchissantes, qui capturaient la lumière divine du Soleil et de la Lune. De ce symbolisme positif, on en vint à la croyance que les miroirs peuvent rejeter le mal ou le repousser, et à l'idée que le diable n'a pas de reflet. Au Japon, un miroir de bronze, Yatano Kagami, conservé dans le plus important sanctuaire shinto du pays, représente le retour au monde de la déesse du Soleil, Amaterasu. Selon cette légende, un miroir magique l'attira hors de sa cachette, en lui faisant croire que le monde, comme son reflet, était aussi bon qu'elle. Dans la mythologie shinto, un miroir gigantesque, capable de reconnaître ceux qui ont fait le mal, choisit

Voir aussi
379 Miroir p. 79

ceux qui entrent en enfer. En Chine, le miroir est l'un des « Huit Objets Précieux du Bouddhisme ». Il symbolise l'illumination qui vient de la compréhension de la nature illusoire du monde.

380 PIERRE

La pierre est une métaphore biblique courante de l'honnêteté et de l'intégrité. C'était parfois le symbole mystique des bénédictions cachées, comme dans le récit de l'eau jaillissant du rocher que Moïse touche de sa baguette. Ce symbolisme d'un pouvoir divin et bienveillant est aussi celui des pierres précieuses comme le **diamant (381)** dont, selon la tradition indienne, était fait le trône de Bouddha. En Chine, on accordait une valeur tout aussi élevée au **jade (382)**, en l'identifiant de façon si étroite à la vertu qu'il symbolisait non seulement la pureté morale mais également la justice, la vérité, le courage, l'harmonie, la loyauté et la bienveillance.

383 DRAGON D'ASIE

En Asie, et surtout en Chine, contrairement à l'Occident, le dragon est un emblème majeur et bienveillant du pouvoir. Symbole de la dynastie Han, le dragon Lung aux cinq griffes est un gardien yang. Sa puissance est égale aux forces élémentaires de l'orage, du tonnerre, de l'éclair et de l'ouragan. Il est censé apporter les bienfaits de la connaissance spirituelle, du bonheur, de la fertilité et

Voir aussi
383 Dragon, p.156

de l'immortalité. Les processions de dragons chinois célèbrent la bénédiction que constitue la pluie pour la germination des plantes.

384 ÉLÉPHANT

En Inde, l'éléphant incarne un large éventail de vertus, peut-être parce que le dieu à tête d'éléphant, Ganesha, était le dieu protecteur de l'Écriture et, par conséquent, des administrateurs.

D'où cette association symbolique entre l'éléphant et les qualités ou les objectifs d'un bon gouvernement, en particulier la sagesse, la prudence, l'intelligence, la paix et l'abondance des récoltes.

385 VACHE

La vache est un symbole universel de bienveillance et de bon augure. Le respect qu'on lui témoigne en Inde ne dépend pas seulement de sa productivité mais aussi du fait que sa patience, son équanimité et son innocence offrent une image de bonté en harmonie avec les éléments quiétistes de la philosophie et de la religion indiennes, en particulier le bouddhisme et le jaïnisme.

386 ABEILLE

Peu de créatures ont davantage symbolisé les vertus morales que l'abeille. En dehors du fait qu'on l'associe à de nombreuses divinités, ses habitudes de diligence et son sens de l'organisation sociale sont une mine de ressources pour les rédacteurs d'homélies et de sermons. La communauté monastique chrétienne était comparée à une ruche. Les abeilles sont les symboles de la diligence, de l'habileté technique et administrative, du dévouement, de la sociabilité, de la propreté, de la chasteté, de la créativité, de la sagacité, du courage et de la

spiritualité. Bernard de Clairvaux, le célèbre mystique du XIIe siècle, comparait l'abeille au Saint-Esprit. Les vertus attribuées à l'abeille étaient liées aux pouvoirs salutaires de son **miel (387)**. On pensait en effet que ce dernier, source principale de sucre pour le monde antique, possédait des vertus médicinales et on l'utilisait parfois pour les onctions et les embaumements. Il finit donc par acquérir un symbolisme céleste et l'on disait qu'il était la nourriture des dieux, des héros, des prophètes et des poètes. Ses rapports avec l'éloquence inspirèrent la légende selon laquelle Pythagore en avait été nourri dès sa naissance.

388 VERT

Le symbolisme de la couleur verte, généralement bienveillant, vient des associations anciennes avec le renouveau de la vie végétale au printemps. Comme la plupart des couleurs, elle peut néanmoins avoir un sens négatif dans certains contextes, mais elle représente par exemple la providence divine dans le monde islamique. Ses associations symboliques avec la bonne santé de la planète et aussi de l'humanité sont évidentes dans son utilisation emblématique actuelle, qui en fait la couleur des pharmacies et du mouvement écologique.

Voir aussi

388 Vert p. 246

MAL

389 OBSCURITÉ

Les craintes qu'inspirait l'inconnu aux premiers hommes, associées au lien existant depuis toujours entre la lumière et le divin, conduisirent inévitablement à ce que l'obscurité devienne le contraire emblématique du bien, c'est-à-dire le mal. Bien qu'il arrive que les ténèbres aient une valeur symbolique positive, elles représentent le plus souvent des idées et des événements négatifs : mort, deuil, veuvage, mélancolie, désespoir, folie, dissimulation, obscurité, ignorance, aveuglement, vide. En français, de nombreuses expressions utilisent le mot **noir (390)** pour indiquer le malheur, le rejet, le désastre. Elles sont l'illustration d'une longue tradition de superstitions communes en Europe, selon lesquelles l'obscurité et le mal vont main dans la main. Un des plus anciens symboles de malveillance connus est le **soleil noir (391)** de l'ancienne cosmologie de Babylone. Dans l'art bouddhiste du Tibet, les **pierres noires (392)** représentent les mauvaises actions. Elles sont comptabilisées face aux pierres blanches des bonnes actions, afin d'évaluer le progrès spirituel d'un individu.

393 SATAN

Voir aussi

393 Diable p.75 ;

394 Lumière p.144

L'histoire de Satan, le Prince des Ténèbres, qui est la plus célèbre des personnifications du mal, est plus brève qu'on ne le pense en général. Pour les sociétés du monde antique, le mal se manifestait par le chaos, le désordre, la maladie et bien d'autres misères encore, mais non par la méchanceté morale.

Les catastrophes n'étaient pas provoquées par un diable tout-puissant, mais par des dieux capricieux ou des démons malfaisants qui se laissaient apaiser par des offrandes ou des sacrifices. À l'origine, selon l'Ancien Testament, Satan était simplement un serviteur de Yahvé, qui l'avait envoyé sur la terre pour mettre les hommes à l'épreuve. Le symbolisme de cette figure est clairement exprimé par son nom, qui signifie « l'accusateur ». La théologie chrétienne en donna une interprétation radicalement différente, en le rapprochant de **Lucifer (394)**, l'ange déchu que Dieu précipita en enfer pour son péché d'orgueil. L'Église considéra que tous ces épisodes avaient eu lieu avant même la Création, et donc que Satan incarnait le mal. Cette figure malveillante et puissante rappelle **Ahriman (395)**, l'esprit créateur associé au mal dans la théologie du mage iranien Zoroastre, fondée sur la dualité lumière/obscurité. Cette idée a influencé l'islam, où l'esprit du mal porte le nom de Shaitan ou **Iblis (396)**.

397 DIABLES

Dans l'art médiéval occidental, le mal, la tentation et l'immoralité universelle étaient symbolisés non seulement par Satan lui-même (voir pages 152 et 153), mais aussi par ses disciples, des diables de moindre importance. Parmi eux, on trouve le dieu païen **Pan (398)** et ses serviteurs, les **Satyres (399)**. À une époque où la religion cherchait à contrôler les pulsions animales, cette déité pastorale fruste, avec ses chalumeaux enjôleurs et ses allures de bouc, évoquait la bestialité. Les images des diables dans l'art les montrent souvent avec une queue fourchue, des cornes, des sabots fendus et parfois des ailes de chauve-souris. Armés de leurs fourches et de leurs lances, ils entraînent les pécheurs en enfer. Les représentations des exorcismes montrent des figures noires plus petites vomies par les victimes, et qui sont des représentations de la possession diabolique. Le **Méphistophélès (400)** des poèmes faustiens de Marlowe et de Goethe est un envoyé de Satan bien plus subtil. Leurs auteurs reprennent, sous une forme littéraire, le thème de l'offre faite à Faust d'exaucer ses vœux en échange de son âme, qui renvoie aux superstitions médiévales selon lesquelles les êtres trop intelligents, ou qui réussissent trop bien, ont peut-être passé un pacte avec le diable. Méphistophélès symbolise les tentations qui guettent ceux qui cherchent à explorer les replis de l'inconscient seulement pour y trouver une satisfaction égoïste.

401 SORCIÈRE

Pendant des siècles, avant la naissance du Christ, les sorcières avaient été maîtresses dans l'art mystérieux mais respectable de la prophétie. C'est la montée de la croyance en l'existence d'un diable puissant qui conduisit à la conviction, au Moyen Âge, que les sorcières étaient ses servantes dangereuses. Elles ne symbolisaient pas les forces occultes elles-mêmes, mais leur utilisation à des fins malveillantes. L'hystérie des chasses aux sorcières, qui culmina en Europe aux XVe et XVIe siècles, fit périr des milliers de femmes inoffensives, noyées ou brûlées parce qu'on pensait qu'elles adoraient Satan, pendant les **sabbats de sorcières (402)**. Cette idée provenait d'une inversion symbolique, suggérant que le mal rôdait le jour du repos, emblématique du Seigneur. Parmi les symboles traditionnels de la sorcellerie, citons les chouettes, les chats noirs, les crapauds, les loups, les renards, les serpents, les herbes empoisonnées et certaines offrandes sacrificielles horribles, comme les cadavres de bébés.

403 SERPENT

Le symbolisme du serpent est extraordinairement étendu et varié mais, dans l'art sacré occidental, il est avant tout l'emblème du mal. On peint la Vierge Marie en train de l'écraser sous son pied, ce que font aussi d'autres figures représentant la

Voir aussi
403 Serpent p. 80

pureté, la foi ou d'autres vertus encore. Cette tradition du serpent ennemi de l'humanité remonte au Livre de la Genèse. Selon celui-ci, un serpent incite Ève à manger le fruit défendu ; il s'agit là d'une allégorie de la tentative sacrilège de s'approprier des pouvoirs réservés aux dieux. C'était peut-être un avertissement des Hébreux pour contrer les cultes de la fertilité nombreux en Méditerranée et au Proche-Orient, et dans lesquels les serpents sacrés étaient des symboles phalliques. Plus tard, la Bible et les cultures chrétiennes d'Europe firent référence à « ce vieux serpent qu'on appelle le diable ». Dans des peintures de la Crucifixion, un serpent au pied de la croix ou s'enroulant autour d'elle symbolise le péché originel qui conduisit à l'exil hors du jardin d'Éden.

404 DRAGON

Comme le serpent, le dragon est l'un des plus importants symboles du mal dans la tradition occidentale, émergeant des mythologies primitives comme l'incarnation reptilienne du chaos. Il était connu à Sumer sous le nom de l'« adversaire ». Dans les légendes païennes, il est le symbole évident du désastre, de la tyrannie ou de la cruauté. Mais dans la symbolique chrétienne, il devint très vite l'image bestiale du diable cracheur de feu et de son royaume infernal. La bête apparaît plusieurs fois dans l'Apocalypse sous l'aspect d'un dragon rouge énorme, avec sept têtes et dix cornes. Les tableaux de saint Georges ou de l'archange Michel combat-

Voir aussi

404 Dragon p. 138 ; Dragon asiatique p.148

tant le dragon sont des allégories de la lutte contre le mal. Les personnages qui tiennent en laisse un dragon représentent la foi domptant l'incroyance ou la vertu qui triomphe du vice. Le dragon possède, comme le diable, des ailes de chauve-souris et des cornes ainsi que de puissantes ailes d'aigle, un corps couvert d'écailles et une queue hérissée de poils, qui ont des nœuds si la bête est vaincue. Le serpent de mer, proche parent du dragon, apparaît plus souvent dans les représentations des mythes classiques, dans lesquels il est vaincu par des héros comme Persée.

405 **HYDRE**

L'hydre était un serpent de mer aux nombreuses têtes, embusqué dans les marais de Lerne, près d'Argos. La tuer constitue le deuxième des douze travaux d'Hercule. Chaque fois que le héros coupait une tête, il en poussait deux nouvelles, jusqu'à ce qu'il cautérise les plaies au fer rouge. L'hydre symbolise la nature multiple du mal et la difficulté d'éradiquer définitivement des vices devenus habituels.

406 BASILIC

Cette créature hybride fabuleuse a hanté l'imaginaire de l'Europe médiévale. Elle est un symbole spécifique du poison répandu par le Diable, ce qui renvoie à des croyances beaucoup plus anciennes dans lesquelles le mal et la maladie étaient étroitement liés. Fondé probablement sur les représentations égyptiennes du cobra dressé pour frapper, il était figuré avec une tête et des ailes de coq sur un corps de serpent, portant parfois une couronne. Son haleine était à la fois empoisonnée et enflammée, et son regard pouvait tuer. Contrairement au dragon, le basilic était l'emblème du mal et de la maladie qui s'insinuent dans la vie quotidienne des campagnes.

407 CHAT

Au Moyen Âge, l'idée selon laquelle le chat pouvait être le diable déguisé renvoie au folklore celte. La mythologie grecque avait peut-être contribué à ce symbolisme négatif, car des chats escortaient **Hécate (408)**, déesse du Monde souterrain, et donc aussi des sorcières, des fantômes et de la nécromancie. Dans *Macbeth*, quand elle apparaît aux sorcières, Shakespeare la décrit comme « l'agent mystérieux de tout maléfice », et l'associe au mal occulte.

Voir aussi

407 Chat
pp. 126 &. 132

409 Crapaud
p. 81

Le symbolisme satanique du chat provient pour partie du fait qu'il peut changer d'aspect, en se hérissant, voir dans l'obscurité, et qu'il aime chasser la nuit. Ses habitudes furtives, ses sautes d'humeur et sa capacité à sortir soudain ses griffes ou à contracter ses pupilles, ont renforcé sa réputation d'être une créature sur laquelle on ne peut pas compter. Le chat était souvent l'unique compagnon des vieilles femmes seules, qui étaient des proies facile pour les chasseurs de sorcières.

409 CRAPAUD

Dans les superstitions médiévales, le crapaud est un symbole très ambivalent : il est lié au mal, à l'obscurité, à la luxure et à l'avarice, mais figure aussi dans des légendes où il porte un bijou sur le front. Ses sécrétions toxiques pouvaient causer du mal, mais aussi accom-

plir des miracles. Cela explique la croyance selon laquelle les sorcières utilisaient, pour leurs brouets infernaux, des crapauds qui, pensait-on, faisait partie de leurs animaux de compagnie.

410 HIBOU

Dans l'art, le hibou apparaît comme le compagnon de la nuit personnifiée. Ses vols nocturnes à la recherche de proies, ses cris mystérieux, son regard fixe, le reliaient aux pouvoirs des ténèbres et à ceux, occultes, qui permettaient de voir dans le futur. Ses aspects sinistres l'ont conduit à devenir un symbole de mort dans les Amériques, l'Inde et l'Égypte ancienne. Selon une superstition chinoise, les jeunes hiboux arrachaient les yeux de leur mère d'un coup de bec. Au Moyen Âge, en Europe, en dépit des liens traditionnels établis entre le hibou et la sagesse, la part démoniaque de son symbolisme faisait de cet oiseau un autre compagnon familier des sorcières.

411 CHAUVE-SOURIS

Depuis des siècles, la chauve-souris est la victime des superstitions les plus diverses. Ennemie de la lumière, elle est représentée en Amérique du Sud avalant le Soleil. On lui attribuait de nombreux pouvoirs occultes et maléfiques. Curieusement, en Europe, certains malades posaient des chauves-souris sur leur corps pour qu'elles attirent à elles la pestilence. Le même désir de se protéger explique l'habitude de clouer des chauves-souris

sur les portes pour effrayer les démons. Le symbolisme chrétien compare le refus de la chauve-souris de la lumière à celui des pécheurs qui rejettent l'enseignement du Christ. On peignait des chauves-souris voletant aux alentours des demeures des sorcières. Dans *Le sommeil de la raison*, où Goya peint ses propres souffrances, des chauves-souris symbolisent la folie.

Voir aussi
410 Hibou
p. 206

Au début du XIXe siècle, en littérature, le culte du **vampire (412)** fit progresser l'idée fausse selon laquelle les chauves-souris se repaîtraient du sang des humains. Seule une espèce de petite taille, en Amérique du Sud, boit effectivement le sang des bovins. Bien vite, certaines caractéristiques typiques des chauves-souris furent attribuées à la représentation des cadavres des vampires ou zombies, qui parcourent la nuit. Les contes sur de tels prédateurs nocturnes existaient depuis longtemps dans les folklores grec et balkanique, et il ne manquait plus que l'imagination du romancier victorien Bram Stoker pour amalgamer toutes ces superstitions et créer le personnage menaçant de **Dracula (413)**.

414 RENARD

Comme le chat, le renard est un prédateur nocturne et furtif, dont le côté rusé évoquait aux symbolistes chrétiens la fourberie du diable. La théologie chrétienne médiévale en fit l'emblème du mal, de la méchanceté et, par-dessus tout, de la duplicité hypocrite. Cependant, ce symbolisme se retourna contre l'Église avec la large diffusion des aventures de **Reynard (415)**, renard débordant d'imagination, héros très populaire en Allemagne, dans les Flandres et en France (le célèbre *Roman de Renard*). Dans ces récits, même s'il a un côté destructeur, le renard est aussi un satiriste plein d'esprit qui moque les travers de la société médiévale. On retrouve cette ambivalence dans le personnage de **Loki (416)**, associé au renard dans les mythologies nordique, germanique et celte. Les tours minables dont ce dieu est coutumier permettent de le considérer comme un précurseur du diable, mais il est trop roublard pour vraiment symboliser le mal.

417 LOUP

Le symbolisme attaché au loup est lui aussi ambivalent mais, dans les régions d'Europe couvertes de forêts, le loup était avant tout le symbole de la férocité prédatrice. Puisque Jésus était le bon pasteur et que ses disciples étaient son troupeau, le loup, qui se nourrit de moutons, s'intégrait parfaitement au symbolisme chrétien pour représenter le diable et personnifier l'hérésie.

Dans le *Ragnarök*, mythe nordique de la fin du monde, un loup géant appelé **Fenris (418)** avale le Soleil. On rencontre aussi ce symbole dévorant dans les légendes celtes. En Allemagne et en Europe de l'Est, depuis des siècles, on raconte des histoires de **loups-garous (419)**. Ces créatures effrayantes étaient des hommes qui prenaient l'aspect de loups. On disait qu'ils se nourrissaient de jeunes enfants et de cadavres. La signification symbolique des loups est aussi associée à la sexualité dévorante qu'on leur prête. Ils incarnaient les craintes que faisait naître la possession démoniaque, ce qui paraît évident dans les contes où l'on voit des sorcières se transformer en loups.

420 LÉOPARD

Bien que son courage en ait fait un emblème des combats en Angleterre, le léopard est le symbole du péché dans la tradition chrétienne, fondé sur une analogie biblique entre l'impossibilité pour un léopard de modifier ses taches, et la difficulté à se défaire de ses mauvaises habitudes. En Asie et en Afrique, les chamans utilisaient les peaux de léopard comme vêtements pour montrer qu'ils étaient capables de maîtriser la puissance et la férocité de l'animal. En Égypte, il était associé au violent dieu Seth.

INNOCENCE

421-423 AGNEAU ET VEAU

Dans l'art chrétien, une jeune femme avec un **agneau (421)** dans les bras personnifie l'innocence. La douceur et la patience de l'agneau en font l'emblème le plus poignant du sacrifice du Christ. Jésus était l' « agneau pascal », l' « agneau sans tache », crucifié pour les péchés du monde, mais lui-même sans péché. Le **veau (422)** apparaît parfois avec la même signification dans l'iconographie. Ce symbolisme équivaut à celui de l'**enfant (423)**, symbole évident de l'innocence qui apparaît pourtant rarement, sauf dans les tableaux qui évoquent le Massacre des innocents – l'exécution de tous les enfants mâles sur ordre d'Hérode, à Bethléem. Dans l'art funéraire de l'époque victorienne, l'agneau est le motif qui figure le plus souvent sur les tombes d'enfants.

Voir aussi

424 Blanc

pp. 255, 280

424 BLANC

Opposé au noir, le blanc est la couleur de l'innocence comme celle du novice ou du néophyte. C'est pourquoi on trouve tant d'expressions qui évoquent la purification, qu'elle soit justifiée (« blanchir un coupable ») ou plus contestable (« blanchir de l'argent »). Le symbolisme de l'innocence sexuelle se retrouve dans la coutume de porter du blanc pour le baptême, la confirmation et le mariage. Les fleurs blanches peuvent avoir le même sens, en particulier le **lys (425)**, symbole universel de pureté, souvent associé à la Vierge dans l'art chrétien. Dans *L'Annonciation* de Domenico Veneziano, l'ange Gabriel est peint agenouillé devant Marie, un lys à la main.

426 NUDITÉ

La nudité est une métaphore de l'innocence primitive dans la Genèse. Au jardin d'Éden, Adam et Ève sont nus jusqu'à ce qu'ils mangent le fruit défendu de l'arbre de la connaissance du bien et du mal. Ils se rendent alors compte de leur nudité, qu'ils cachent avec des feuilles de figuier. C'est en référence à ce symbolisme que les premiers ascètes et certains saints chrétiens allaient nus. Dans de nombreuses sectes, notamment, les Adamites et les Dukhobors, l'action de se dévêtir est un retour emblématique à l'état d'innocence originel.

427 ABLUTIONS

En peinture, l'innocence est parfois personnifiée par une jeune femme se lavant les mains. Entre autres significations symboliques plus générales, exprimées dans les divers rituels de purification ou d'initiation, le fait de se rincer avec de l'eau peut signifier que l'on s'absout de toute culpabilité, comme le suggère le geste de Ponce Pilate se lavant les mains pour signifier qu'il n'a aucune responsabilité dans la crucifixion de Jésus.

VÉRITÉ ET MENSONGE

428 PERSONNIFICATION DE LA VÉRITÉ

Dans l'art occidental, la vérité est représentée par une femme entourée des rayons du Soleil, ou tenant dans ses mains son disque lumineux. Symboliquement, cela signifie que la lumière révèle tout. Dans une sculpture du Bernin, le personnage est debout sur un globe : la vérité est au-dessus du monde des duperies sans importance. En peinture, elle apparaît parfois comme la fille du **Temps (429)** : elle soulève le voile qui cachait son corps pour illustrer la maxime selon laquelle, avec le passage des années, la vérité finit toujours par apparaître. La présence d'une couronne de laurier indique qu'elle vaincra toujours ses ennemis, qui sont la calomnie et la fausseté. Parfois, elle est aussi montrée en train de lire un livre qui symbolise lui-même la vérité.

430 TROMPERIE

Dans l'art, la tromperie est également personnifiée par une jeune femme, mais le corps couvert d'écailles de **serpent (431)**. La langue fourchue de ce reptile était une métaphore courante de la fausseté chez les Indiens d'Amérique du Nord. Le **masque (432)** est un autre emblème de la tromperie. Dans l'art occidental, il cache parfois le visage ratatiné d'une vieille femme derrière celui d'une jeune fille. Le **renard (433)** et le **loup (434)** sont également des symboles de la tromperie.

435 MIROIR

Bien que le miroir ait d'autres significations symboliques, il est avant tout un important emblème de la vérité. Dans la mythologie japonaise, on enseigne aux enfants du dieu créateur Izanagi à s'agenouiller devant un miroir afin de se livrer à l'examen approfondi de leurs pensées les plus intimes. Ils se débarrassent ainsi des illusions qu'ils entretiennent sur eux-mêmes et sur leurs désirs négatifs. De façon plus dramatique, le Hamlet de Shakespeare agrippe sa royale mère et lui crie : « Vous ne sortirez pas, que je ne vous aie présenté un miroir où vous puissiez voir la partie la plus intime de vous-même. »

436 CŒUR

On considère souvent le cœur comme le dépositaire de l'âme ou de la part la plus profonde de l'esprit, ce que corroborent les coutumes funéraires égyptiennes : c'est le seul organe important que l'on n'ôtait pas du corps au cours de la momification. Le cœur devint le symbole du courage moral et, par association, de la vérité. Les gens affirment encore de nos jours leur sincérité en parlant « la main sur le cœur ». Les artistes de la Renaissance représentaient ce message symbolique par une **pêche (437)** à laquelle une feuille était attachée, la pêche représentant le cœur et la feuille la langue qui prononce la vérité.

438 PIERRES PRÉCIEUSES

L'intégrité et la dureté de certaines gemmes les associent à la vérité, en particulier quand elles sont aussi les symboles du cœur. C'est vrai du **jade (439)** en Chine. La dureté du **diamant (440)** explique pourquoi ce dernier est devenu la pierre la plus utilisée pour les bagues de fiançailles, son éclat incomparable et éternel suggérant aussi la sincérité, et donc la vérité. Le saphir, l'onyx et la magnétite sont aussi des symboles de vérité.

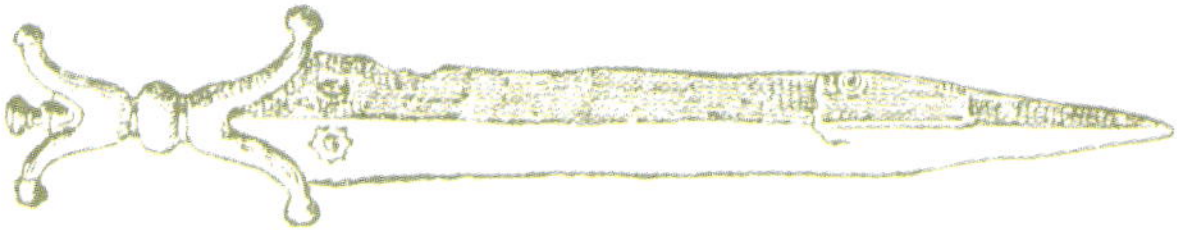

441 ÉPÉE

Sa lame étant capable de transpercer le mensonge, l'épée est un emblème de la justice comme celui de la vérité. Le glaive à double tranchant symbolisait dans la Bible la langue qui dit la vérité. Dans l'Apocalypse, Jean voit le Christ avec une épée entre les dents. L'archange Michel est souvent montré tenant une épée et une **balance (442)**. On peut en déduire que la vérité ne se rencontre souvent qu'après un long processus impartial d'évaluation. La déesse égyptienne de la Vérité, Ma'at, est aussi représentée avec une balance.

443 LAMPE

La vérité est étroitement liée au symbolisme de la lumière, qu'elle soit naturelle, celle du Soleil, de la Lune (vérité spirituelle dans l'obscurité de l'ignorance), de l'éclair (clarté révélant tout) ou celle de la lampe, de la lanterne, de la torche ou de la bougie.

444-447 NEUF (NOMBRE) ET CUBE

Dans la mystique hébraïque, **neuf (444)** est le nombre de la vérité, ce symbolisme dérivant de l'idée qu'il est un nombre « incorruptible ». Quand on le multiplie par n'importe quel autre chiffre, la somme des deux chiffres obtenus donne toujours neuf. Cette régularité de comportement a fasciné, comme fascinent aussi les propriétés analogues du **cube (445)**, symbole géométrique de la vérité : ses six faces sont exactement identiques. De façon significative, le cube est pour l'Islam le centre de la foi, cette forme étant celle de la **Ka'aba (446)**, but ultime de tous les pèlerinages à La Mecque, et qui est une construction en forme de double cube. Dans son angle oriental, elle abrite la « Pierre Noire », objet de la vénération suprême.

Les **météorites (447)**, dont cette pierre est un fragment, étaient eux-mêmes des emblèmes de la vérité, dans l'ancien monde. Ils étaient considérés comme des messages envoyés par les dieux célestes.

CHARITÉ, DÉVOUEMENT ET COMPASSION

448 PERSONNIFICATION DE LA CHARITÉ

Le sens premier du mot « charité » est « amour désintéressé », pour les autres comme pour Dieu. Pour saint Paul, c'était la plus grande des trois vertus théologales avec la foi et l'espérance. Quatre autres vertus essentielles, dites vertus morales ou cardinales, avaient été définies par la philosophie grecque : ce sont la prudence, la force, la tempérance, et la justice. Réunies, ces sept vertus forment l'un des fondements de la morale chrétienne. Dans l'art occidental, la charité est figurée par une femme allaitant deux jeunes enfants, même si, dans l'art médiéval, elle peut avoir les traits d'une jeune femme apportant des vêtements ou de la nourriture aux pauvres. Elle tient une chandelle, symbole de la bienveillance divine, ou un **cœur (449)** entouré de flammes, emblème de la compassion envers les autres et de l'amour porté à Dieu.

450 BON SAMARITAIN

Personnification plus spécifique de la charité, le bon Samaritain est loué par Jésus dans la parabole rapportée par l'apôtre Luc :

Deux voyageurs juifs firent mine de ne pas voir un homme blessé sur le bord de la route, après que des voleurs l'eurent dépouillé et roué de coups. Mais un Samaritain qui passait par là soigna les blessures de l'homme et le conduisit jusqu'à une auberge pour qu'il reprenne des forces. Ce récit, dont la finalité est d'illustrer combien il est bon d'être attentif à son prochain, avait une portée d'autant plus profonde que les Samaritains formaient une secte particulière, et que bien des juifs les évitaient.

451 OISEAUX

Dans l'art baroque du XVIIe siècle, certains oiseaux accompagnaient la Charité comme emblèmes de l'amour compassionnel, en particulier le **pélican (452)**. Les auteurs des bestiaires médiévaux, voyant des pélicans baisser leurs becs à poche pour nourrir leurs petits, en étaient venus à croire qu'ils se déchiraient la gorge pour provoquer un écoulement nourricier de sang. Avec cette même signification symbolique, le pélican apparaît parfois au pied de la croix dans les scènes de cruci-

fixion, tout comme le **phénix (453)**, oiseau légendaire dont on disait qu'il s'immolait lui-même.

La **poule (454)** et ses poussins et même, parfois, le **coq (455)** incarnent la charité : ce dernier évoque l'amour et l'affection des parents lorsqu'il trouve de la nourriture en grattant dans le sol, qu'il en donne une partie aux poules et aux poussins qui l'entourent, avant de se nourrir lui-même.

456 MAIN DE FATIMA

La main est un symbole évident de charité, et ses représentations sont très souvent associées à cette idée dans toutes les cultures du monde. La Main de Fatima, la fille de Mahomet, est l'un des emblèmes décoratifs les plus célèbres du monde islamique. Les cinq doigts représentent les cinq piliers de l'islam : la charité, la foi, la prière, le pèlerinage et le jeûne.

457 SEINS

Dans les tableaux religieux, le sein nu représente la charité et prend aussi le sens emblématique de l'appel à la compassion et à la pitié : c'est pourquoi les femmes des vaincus, à genoux devant leurs ennemis, dévoilent leurs seins.

Voir ausi

456 Main
pp. 27 & 91

458 PERSONNIFICATION DE LA FOI

Dans l'art sacré chrétien, la foi est figurée sous les traits d'une femme coiffée d'un casque, portant une croix, éventuellement tenant une chandelle (lumière de la foi) ou une autre source de lumière, et parfois une bible. Figurent aussi dans ces tableaux les **fonts baptismaux (459)**, qui rappellent le rite initiatique du baptême, et le **calice (460)**, qui recueille le vin, symbole du sang du Christ rédempteur.

461 CROIX

La croix n'est pas seulement le premier des emblèmes de la foi chrétienne, mais aussi la plus célèbre de toutes les figures géométriques symboliques. Dès l'Antiquité, elle fut associée aux dieux des Éléments qui, croyait-on, dirigeaient les quatre directions de l'espace. C'est la raison pour laquelle en Amérique du Sud, les tribus païennes utilisaient les croix dans leurs rituels, ce qui déconcerta beaucoup les premiers missionnaires. Dans l'hindouisme, les bâtons disposés en croix symbolisent parfois le dieu védique du Feu sacrificiel, Agni. Cette importante divinité est censée être un intermédiaire entre le monde des mortels et le monde céleste.

Aux premiers âges de la chrétienté, la croix était parfois remplacée par divers objets, de forme plus ou moins proche, pour diminuer les risques de persécution. C'est ainsi qu'est apparue la notion de **crux dissimulata (462)** ou croix cachée comme l'ancre qu'on trouve encore sur certains porches d'églises, la croix gam-

PANDORA OPENS THE BOX

mée, la hache et le trident. Pour attirer de nouveaux disciples, la croix ne paraissait pourtant pas être le meilleur des signes de ralliement, car elle rappelait de façon inquiétante le châtiment infligé aux criminels de droit commun et aux agitateurs politiques. Constantin, premier empereur chrétien de Rome, préféra utiliser le symbole du **Chi-Rho (463)**, qui est un monogramme ayant la forme d'une roue à rayons intégrant les deux premières lettres de la graphie grecque du nom du Christ, XP, le P se superposant au X. Selon la littérature de la fin de l'Antiquité, l'empereur avait eu la vision de ce signe, dont la forme rappelle les anciens emblèmes des dieux solaires, et qui avait été la cause de sa conversion. Certains commentateurs postérieurs en ont conclu que Constantin avait associé Jésus à une incarnation de la divinité solaire. La croix traditionnelle chrétienne en Occident est dite **crux immissa (464)** ou croix latine, avec une barre oblique coupant le haut de son montant vertical, mais il est probable que Jésus périt sur une croix dont la forme était celle d'un T.

465 PERSONNIFICATION DE L'ESPÉRANCE

L'image de l'espérance, dans l'art sacré, accompagne souvent celle de la foi, deux notions liées à l'attente de la vie éternelle. L'espérance, parfois dotée d'ailes, tend la main vers une couronne, deux symboles qui expriment l'aspiration à une transcendance. L'espérance est parfois coiffée d'un chapeau en forme de navire et se tient près d'une ancre, allusion à l'analogie établie par saint Paul avec l'espoir chrétien du salut.

Dans la mythologie, la représentation de l'espérance la plus célèbre, mais aussi la plus énigmatique, apparaît dans un récit d'Hésiode. Celui-ci raconte comment **Pandore (466)**, belle mais peu réfléchie, laissa s'échapper dans le monde les maux et les tourments en soulevant le couvercle de la boîte dans laquelle Zeus les avait enfermés, alors qu'il lui avait défendu de l'ouvrir. Seule l'espérance, fragile créature ailée, dut rester à l'intérieur, car Pandore ferma le couvercle sur elle. Malgré son ambiguïté, cette histoire fut interprétée comme le symbole de l'idée que l'espérance est le seul réconfort de l'humanité.

467 VERT

La couleur verte évoque l'espérance car on l'associe au renouveau de la vie au printemps. Dans la mythologie celte, c'était la couleur de Tir na n'Og, l'île des Bienheureux. L'émeraude, pierre du pape, est un emblème chrétien de l'espoir et de la foi.

468 ARGENT

La lumière argentée de la Lune symbolise l'espoir au sein des ténèbres. De la même façon, le contour lumineux argenté qui borde les nuages d'orage est devenu synonyme d'espoir dans les chansons militantes de la crise des années 1930.

469 AUBE

L'aube, qui annonce la naissance du jour nouveau, fait inévitablement penser à la renaissance de l'espoir et à la possibilité d'un nouveau départ. Aurore « aux doigts de rose », déesse romaine de l'Aube et sœur d'Apollon, est souvent représentée, sur les plafonds peints à l'époque baroque, comme une jeune femme confiante, semant à tous vents des fleurs tandis que les nuages de la nuit s'enfuient devant son chariot.

470 HOUX

Le houx est l'une des plantes toujours vertes que l'on utilisait autrefois dans les célébrations comme emblème de l'espérance, qui permet de supporter les ténèbres hivernales. Ce symbolisme a reçu une impulsion nouvelle lorsque le monde chrétien établit une analogie entre les épines et les baies rouges de la plante, et la Passion du Christ. Le houx y a gagné une place éminente parmi les éléments utilisés pour les décorations de Noël.

471 FAUCON

Certains symboles de l'espérance expriment plus spécialement l'énergie positive dont elle est porteuse, qui permet de surmonter les états dépressifs. Ainsi le faucon à capuchon représente, dans l'art, l'espoir de la liberté. Le symbolisme général qu'inspire cet oiseau doit beaucoup à son œil perçant, capable de tout voir, et à ses aptitudes à voler et s'élancer très haut dans les airs.

JUSTICE

472 PERSONNIFICATION DE LA JUSTICE

Dans la plupart des tribunaux se dressent des statues monumentales de la Justice, le plus souvent sous l'apparence d'une femme imposante, tenant en main une balance et un glaive qui symbolisent la nécessité d'établir un jugement équilibré, et le pouvoir de punir. Cette figure a parfois les yeux masqués d'un **bandeau (473)** ce qui ne signifie pas que la Justice est aveugle mais qu'elle ne se fie pas aux apparences, parfois trompeuses quand il s'agit de distinguer la vérité.

474 BALANCE

Dans les peintures médiévales, la balance de la Justice indique que les actes respectifs des parties ont été évalués avec toute la rigueur qui s'impose. Les tableaux du Jugement Dernier montrent les pécheurs installés sur l'un des plateaux de cette balance : les démons, à moins que ce ne soit tout simplement le poids de leurs fortunes mal acquises, les entraînent vers le bas ; les justes, sur l'autre plateau, s'élèvent vers le ciel. La balance était aussi l'attribut de Thémis, déesse grecque de la Loi et de l'Ordre. La déesse égyptienne de la Justice, Ma'at, apparaît dans la salle du tribunal du Monde des Morts. Elle dis-

pose sur l'un des plateaux de sa balance les cœurs des morts, tandis que sur l'autre se trouve une **plume d'autruche (475)**. Cette plume, qui symbolise la Vérité, rappelle qu'un juge doit parfois faire preuve de subtilité.

476 COMPAS

Les compas et autres instruments de mesure, comme l'équerre, sont d'autres attributs de la Justice. Ils signifient, dans ce contexte, que les hommes de loi doivent avoir une approche mesurée des choses, mais c'était aussi pour les artistes une façon claire de marquer qu'il existe une différence entre les valeurs spirituelles et les valeurs matérielles. Le célèbre portrait de *Newton* par William Blake est significatif à cet égard : le peintre s'opposait au matérialisme qu'incarnait selon lui la science et, dans ce tableau, il montre un personnage allégorique qui essaie avec un compas de mesurer l'univers créé par Dieu.

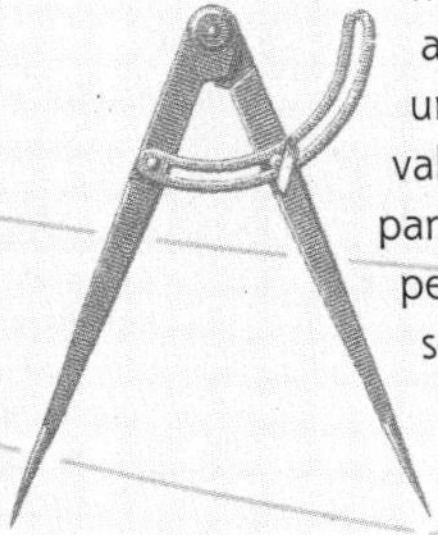

477 LION

Le symbolisme du pouvoir est souvent associé à celui de la justice. C'est cette raison, et aussi l'impression d'orgueil et de dignité qu'il dégage, qui expliquent que le lion est l'emblème de la loi en Inde, et le défenseur des valeurs religieuses dans le bouddhisme.

Voir aussi

477 Lion p.248

COURAGE ET FORCE D'ÂME

478 PERSONNIFICATION DE LA FORCE D'ÂME

Le force d'âme est un thème volontiers traité par les artistes. Sa représentation la plus frappante montre une femme, sans autre vêtement que le casque dont elle est coiffée, et qui force un lion à garder les mâchoires ouvertes. Elle porte parfois une massue, et est alors drapée dans une peau de lion. Une colonne brisée fait allusion à l'épisode biblique dans lequel Samson fait s'écrouler un temple sur les Philistins et périt avec eux. Dans l'art gothique de la statuaire, l'endurance est, plus banalement, revêtue d'une armure. Ce symbolisme est parfois étayé par le contraste frappant d'un chevalier qui s'enfuit à la vue d'un lièvre, symbole médiéval de la lâcheté.

Voir aussi

482 Lion pp. 248 & 268

484 Ours p. 126

485 Porc p. 243

479-480 HÉROS ET HÉROÏNES

Une des conventions le plus couramment utilisée pour personnifier le courage est fourni par les légendes et les sagas dont les **héros (479)** et les **héroïnes (480)** ignorent la peur ou réussissent à la surmonter. Jung interprète ces récits comme la description des parcours que l'homme effectue à la découverte de lui-même, une manière de préparer l'esprit humain à affronter les défis émotionnels qui l'attendent au cours de sa vie.

481 ANIMAUX

Les animaux sauvages, féroces et puissants sont fréquemment utilisés pour représenter le courage. Le premier d'entre eux est le **lion (482),** même quand il est l'ennemi d'un héros. Dans les magnifiques hauts-reliefs sculptés voilà plus de 2500 ans pour les palais de la capitale assyrienne, Ninive, le lion est l'adversaire rituel du roi, qui l'affronte sans peur. Le courage de l'homme et celui du lion sont souvent montrés comme étant comparables, dans des œuvres où le roi enserre les pattes du fauve. Le lion était l'animal emblématique du courage presque partout où l'on connaissait son existence, et c'est pourquoi on trouve dans le monde entier des statues de lions ou de lions hybrides qui montent la garde près des temples et des autels. Le **karashishi (483)**, à tête de chow-chow, qui veille sur les temples bouddhiques au Japon, a pour modèle les lions tels qu'ils sont décrits dans les récits.

L'**ours (484)** et le **sanglier (485)** sont tous les deux des symboles guerriers du courage, la férocité du sanglier suscitant aussi bien l'admiration que l'effroi. On l'associe aux divinités guerrières comme Wotan, Mars et Hachiman au Japon. Dans la mythologie hindoue, Vishnou, sous l'apparence d'un sanglier héroïque, se précipite dans des profondeurs abyssales pour reprendre la terre aux démons. Le **loup (486)** est un symbole totémique du héros, particulièrement en Asie centrale. En Turquie, Kemal Pacha Atatürk, général victorieux de la Première Guerre mondiale, était surnommé le « Loup Gris ». Le **coq (487)**, animal attribué aux déités de la guerre Arès et Pallas en Grèce, était, en Chine, associé à la bravoure et au mérite militaires. La **caille (488)** est associée à la guerre et à la bravoure en Chine et à Rome, en raison de son tempérament pugnace et de la couleur rougeâtre de son plumage. Au Japon, la **carpe (489)** a une signification semblable, et comme elle semble affronter la mort avec sérénité, elle évoque la vertu du samouraï imperturbable.

Voir aussi

486 Loup p. 162

490 CORNE

Le caractère viril du symbolisme attribué à la corne a contribué à ce que cette dernière devienne, plus largement, un emblème du courage. En Amérique du Nord, seuls les braves qui s'étaient illustrés au combat pouvaient porter des coiffures arborant des cornes. À Rome, la parure ornée de cornes, appelée corniculum **(491)** récompensait une vaillance hors du commun, comme certaines médailles le font de nos jours.

492 ARBRES

Les arbres particulièrement robustes et grands étaient souvent des symboles de la force d'âme. On peut citer le **pin (493)**, en Chine, au Japon et en Scandinavie ; en Europe, le **chêne (494)** était l'arbre sacré des dieux de la Guerre et du Tonnerre, comme Odin et Wotan. C'est en raison de ce symbolisme que l'armée américaine a choisi de faire figurer des feuilles de chêne sur certains de ses insignes. Certains arbustes résistants évoquent aussi cette vertu. C'est le cas du **camélia (495)** en Chine, car il peut fleurir été comme hiver.

496 PIERRES ET AMULETTES

La dureté du granit et d'autres minéraux évoque inévitablement la force d'âme. Selon la tradition populaire, l'agate, la cornaline, le jade, le rubis et la turquoise symbolisent tous la force d'âme. En Chine, d'anciens liens sémantiques entre les mots qui désignent le tigre et l'ambre ont fait de cette résine fossile un talisman pour les guerriers qui veulent ne pas connaître la peur.

497 NEUF (NOMBRE)

Les chamans associaient le neuf à la bravoure masculine et à l'endurance. On le considérait en Chine comme le plus puissant des chiffres yang, probablement parce que c'est une triple triade. Dans un mythe nordique sur la résurrection, le dieu-héros Odin s'inflige des blessures et se suspend pendant neuf jours au frêne du Monde, Yggdrasil, avant de se libérer lui-même.

TEMPÉRANCE ET HUMILITÉ

498 PERSONNIFICATION DE LA TEMPÉRANCE

Les philosophes grecs, qui considéraient déjà la tempérance comme une vertu essentielle, étaient plus favorables à la modération dans la consommation d'alcool, qu'à l'abstinence. Cela explique pourquoi, dans l'art, cette vertu présente des visages variés. On montre parfois une jeune femme tenant ou mordant une **bride (499)**, ce qui signifie qu'elle a barre sur elle-même, ou bien une femme qui transvase un liquide d'une jarre à une autre, substituant le vin à l'eau, ce que la morale victorienne préconisait, mais qui, ironiquement contredit la parabole de la transformation miraculeuse par Jésus de l'eau en vin aux noces de Cana. Dans certains portraits, la profondeur de caractère du modèle est suggérée par une **horloge (500)** qui symbolise la régularité de son humeur.

501 VIOLET

Cette couleur évoque à la fois la sobriété et la modération au sens large, un symbolisme qui s'explique par sa position sur le spectre des couleurs, à mi-chemin entre le rouge de la passion et le bleu de l'intellectualisme. Cette association dérive peut-être de la coutume romaine de porter des guirlandes de violettes au cours des banquets. Mais elle remonte peut-être aux Grecs, si on en juge par le nom donné à l'**améthyste (502),** qui signifie littéralement « non pris de boisson ». Sa teinte, qui va du violet, plus ou moins clair, au mauve, en a fait la pierre précieuse portée par les évêques.

Voir aussi

500 Pendule p.37

Le violet est aussi la couleur de l'humilité, vertu mineure, de la modestie et de la résignation. C'est pourquoi les violettes figurent parfois sur les représentations de la Vierge et de Jésus.

503-504 BRUN ET SAFRAN

Le **brun (503)** est associé à l'humilité et au renoncement ; c'est la couleur de la robe des moines de plusieurs ordres chrétiens. Les robes couleur **safran (504)** des moines bouddhistes évoquent la même notion. On prétend que Bouddha choisit cette couleur quand il renonça à vivre dans le luxe et la richesse, et qu'il partit autour du monde, à la recherche de l'illumination. Cette teinte était aussi, à l'époque, celle que portaient les criminels, elle ne symbolise donc pas seulement l'humilité du Bouddha mais aussi son désir de se détacher volontairement du matérialisme de la société.

505 CENDRES

Les cendres symbolisent depuis toujours l'avilissement, l'humilité et le peu de valeur des choses matérielles. Dans l'Ancien et le Nouveau Testament, elles rappellent à plusieurs reprises que la vie de l'homme n'est rien face à la majesté de Dieu. Ce symbolisme se retrouve dans certaines coutumes curieuses, comme celle qui consiste à mélanger des cendres à de la nourriture ou encore de s'en enduire le corps, à la manière de certains yogis, pour montrer le peu de valeur de l'existence humaine.

Voir aussi

505 Cendres p. 335

Voir aussi	
507	Tête p. 90
510	Âne, p. 243

En Judée, s'habiller de bure ou se couvrir la tête de cendres était un signe d'humilité et aussi de pénitence.

506 PIEDS NUS

Les notions d'humilité et d'avilissement, relativement proches, sont sous-jacentes dans l'habitude des moines mendiants d'aller pieds nus. L'épisode biblique du Christ qui lave les pieds de ses disciples se rattache à la même thématique. En Europe, au Moyen Âge en particulier, certains monarques pieux répétèrent ce geste symbolique en lavant les pieds de pauvres.

507 CRÂNE RASÉ

Cette pratique n'a plus aujourd'hui le même sens : se raser le sommet du crâne était jadis un symbole d'humilité, de renoncement et de soumission, et de nombreux ordres religieux l'imposaient. En Égypte, les prêtres marquaient ainsi qu'ils appartenaient à une caste sacrée, en indiquant du même coup qu'ils renonçaient à tout pouvoir personnel, alors étroitement associé aux cheveux longs et épais.

508 BOL DE MENDIANT

Le bol des mendiants est un important symbole d'humilité et de piété dans les pays bouddhistes, en particulier en Thaïlande où, dans un but spirituel, de nombreux jeunes gens se consacrent, pendant un temps, à voyager en mendiant pour subsister. En Asie du Sud-Est, les moines bouddhistes se plient toujours à la tradition qui exige de mendier tous les jours : ils quittent leurs monastères chaque matin pour quémander leur nourriture. Quelques saints chrétiens ont été dépeints par les artistes avec un bol de mendiant à la main.

509 MAINS JOINTES

Les mains jointes pour la prière signifient traditionnellement l'espoir d'entrer en communion avec Dieu. Quand on les tient sur sa poitrine, comme au cours d'un salut bouddhiste, elles symbolisent l'humilité et aussi l'amitié.

510-511 ÂNE ET AGNEAU

Dans la tradition occidentale, l'**âne (510)** est devenu le symbole le plus célèbre de l'humilité, parce que trois des évangélistes rapportent que Jésus fit son entrée triomphale à Jérusalem, à dos d'âne. Selon Matthieu, c'est ainsi que s'accomplit la prophétie selon laquelle un roi parviendrait à Sion dans le plus humble des équipages. De façon plus générale, la simplicité du Christ est associée à l'**agneau (511)**, qui devint l'un des symboles les plus importants pour évoquer son sacrifice à Pâques.

GOURMANDISE, PARESSE, AVARICE ET ORGUEIL

512 PERSONNIFICATION DE L'AVARICE

Pendant l'époque médiévale, où la pauvreté était particulièrement répandue, l'Église condamnait sévèrement les péchés comme la cupidité et l'usure, mais elle demandait de façon pressante toujours plus d'argent aux riches. Les sculptures gothiques montrent l'avarice comme une femme ou un homme agrippé à une bourse, ou la portant autour du cou. Un bandeau sur les yeux signifie le refus égoïste de voir que d'autres sont dans le besoin. Dans quelques tableaux de la Renaissance illustrant le Jugement dernier, des harpies vengeresses s'attaquent à l'allégorie de l'avarice, qui empile des symboles de richesses, comme des pommes d'or ou des pièces de monnaie.

513 ANIMAUX

Les allégories moralisatrices des faiblesses et des appétits charnels sont souvent des animaux. Les artistes du Moyen Âge choisirent ainsi le malheureux **porc (514)** pour incarner la gourmandise, la paresse et la luxure, qui font partie des **sept péchés capitaux (515)**. Avec l'avarice, la colère l'orgueil et l'envie, ils ne représentent pas les pires péchés de l'être humain, mais plutôt des faiblesses et des imperfections stigmatisées par l'Église, et qu'il fallait corriger.

Alors que le monde païen dans son ensemble attribuait un symbolisme positif à la truie, le porc, dans le judaïsme et

Voir aussi

515 Sept p. 33

519 Paon pp. 103, 140 & 329

l'islam, était considéré comme un animal sale, fouillant dans les ordures. Le christianisme adopta cette vision négative renforcée par le récit biblique de saint Marc, dans lequel Jésus force des esprits impurs à se réfugier dans le corps de porcs, qui se jettent ensuite à la mer. L'épisode fut lu comme une condamnation de l'avidité sensuelle. C'est pourquoi des animaux ou des hommes grossiers symbolisent la gourmandise comme parfois le **hérisson (516)** supposé se rouler avec avidité dans des grappes de raisin pour en emporter les grains sur ses piquants. D'autres animaux aux habitudes gloutonnes figurent dans ce bestiaire symbolique chrétien, comme l'ours, le renard et le loup. Les images de la paresse montrent un porc se vautrant dans sa bauge, un **escargot (517)** qui se traîne sur le sol ou un homme cheminant lourdement sur un âne ou un bœuf.

518 PERSONNIFICATION DE L'ORGUEIL

L'orgueil, sujet très en faveur chez les artistes du Moyen Âge, est associé au **paon (519).** Réputé en Inde et en Iran, cet oiseau possédait un rayonnement particulier dans le monde antique ; il a donné lieu à de nombreuses légendes. Pour l'auteur du *Physiologus*, texte chrétien du IIe siècle, le mâle, qui promène fièrement sa queue est une métaphore appropriée de la vanité et de l'arrogance humaines ; son comportement est contraire aux principes chrétiens d'humilité.

520 ANGE DÉCHU

Dans les doctrines chrétiennes, Satan personnifie l'orgueil puisque c'est en raison de ce péché que Dieu le chassa du ciel, avec d'autres anges qui formèrent ses légions. On peut interpréter cet épisode à la façon du prophète Isaïe, pour critiquer l'arrogance des souverains.

Voir aussi

523 Miroir
pp. 147 & 203

521 CAVALIER DÉSARÇONNÉ

Un cheval bien maîtrisé étant un emblème de pouvoir, montrer un cavalier tombé de sa selle évoque l'orgueil rabaissé, ce qui illustre le proverbe biblique selon lequel « l'orgueil est suivi par la destruction et un esprit hautain s'expose à la chute ». Dans son tableau *La Conversion de saint Paul*, Le Caravage s'inspira d'allégories médiévales de ce thème. Il montre Saul (son nom avant sa conversion) étendu sur le dos, juste sous les sabots d'un cheval : le persécuteur des chrétiens est tombé, aveuglé par la lumière de Dieu.

522-523 SINGE ET MIROIR

La vanité humaine est parfois représentée de manière ironique, par un **singe (522)** tenant un **miroir (523)**, ou encore une femme examinant son propre reflet, avec des démons à l'arrière-plan. Plus communément, les miroirs que l'on voit dans les portraits de femmes sont des symboles du caractère éphémère de la beauté plutôt que de l'orgueil.

524 TOUR DE BABEL

Les temples à degrés, ou ziggourats, construits par les habitants de Babylone, symbolisaient l'élévation vers Dieu, manifestant ainsi une ambition que les Hébreux jugeaient présomptueuse. C'est pourquoi, selon la Genèse, Dieu interrompt l'ascension vers le ciel de la tour de Babel, (tableau de Lucas Van Valckenborch ci-dessous), en forçant les ouvriers à parler tant de langues différentes qu'ils ne se comprennent plus. Cet épisode est souvent choisi pour illustrer l'orgueil et l'arrogance humains.

CHASTETÉ ET VIRGINITÉ

525 PERSONNIFICATION DE LA VIRGINITÉ

La variété impressionnante des symboles choisis pour illustrer la chasteté témoigne de l'importance que des sociétés dominées par des hommes lui accordaient, à des époques où le contrôle des naissances n'existait pas. Cela était vrai, même avant que la chrétienté fît de cet état une vertu féminine essentielle, qui concernait d'ailleurs aussi les hommes entrant dans les ordres monastiques. Dans l'art sacré du Moyen Âge, on représentait habituellement la chasteté sous les traits d'une femme voilée, armée d'un bouclier pour repousser le désir ou détourner les flèches de Cupidon. On la voit parfois fouler du pied un porc ou un sanglier, symboles des appétits les plus bestiaux.

526 VIERGES PAÏENNES

La grecque Artémis, et son pendant romain, Diane, étaient des déesses vierges associées à la chasse nocturne, et donc à la Lune, dont elles portent parfois le **croissant (527)** sur leurs cheveux, l'astre étant lui-même emblème de chasteté dans les arts, sacré et profane. Toutes deux évoquent donc cette vertu dans les allégories classiques du désir et de la retenue. L'**argent (528)** devint également l'emblème de la chasteté en raison de son association avec la lumière de la Lune. La nymphe **Daphné (529)**, qui se métamorphose en laurier pour ne pas céder au désir d'Apollon, en est une autre (voir l'œuvre du Bernin, à la Galerie Borghèse, à Rome).

530 CÉLIBATAIRES

Le célibat des religieux est l'expression du sacrifice que constitue la chasteté. Les **Vestales (531)** de Rome, gardiennes vierges du feu sacré placé sous la protection de Vesta, déesse du Foyer, étaient enterrées vivantes si elles rompaient leurs vœux de chasteté. Elles sont certainement les exemples les plus célèbres du célibat imposé aux femmes, même si d'autres prêtresses païennes prononçaient, elles aussi, des vœux de virginité, comme les servantes du dieu Soleil au Pérou. Parmi les hommes dont la chasteté est célébrée dans l'art, le plus connu est sans doute **saint Antoine (532)**. Un tableau de Watteau, à l'ironie à peine voilée, le montre en prière pour ne pas céder à la lubricité au moment où il reçoit la visite, dans sa caverne d'ermite, d'un groupe de femmes parées de toutes les séductions.

533 MÈRES VIERGES

Lorsqu'une vierge devient mère, c'est toujours le signe de la naissance d'un être extraordinaire, dont la nature est, par conséquent, au moins pour partie liée à la divinité. Nombreux sont les mythes et les légendes qui racontent le destin d'hommes ou de femmes exceptionnels, nés d'un dieu et d'une vierge mortelle, comme Romulus et Remus, fondateurs de la Ville éternelle et fils supposés de Mars, dieu de la Guerre. La doctrine catholique de l'**Immaculée Conception (534)** va encore plus loin, en instituant que la Vierge Marie était elle-même

Voir aussi

528 Argent
p. 178

conçue sans péché par sa mère Anne. En conséquence, Marie elle-même était exempte de la souillure du péché originel lorsque Jésus fut conçu.

L'importance du culte de la **Madone (535)** en a fait l'illustration la plus remarquable de la chasteté dans l'art occidental.

536 LICORNE

Le symbole le plus poétique de la chasteté est la licorne, animal hybride fabuleux dont le front porte une corne en spirale, et qui accompagne souvent une jeune femme, dans de nombreux tableaux et tapisseries de l'époque médiévale. Selon la légende, seule une vierge pouvait capturer une licorne – référence aux mythes classiques des vierges chasseresses. En sa présence, la bête acceptait de se soumettre et laissait reposer sa tête dans son giron. En d'autres termes, une femme pure pouvait dompter le désir masculin. Cette image évoque aussi bien la chasteté de l'homme que celle de la femme, et rappelle la douceur et la pureté de l'amour non consommé.

Dans l'art sacré, les représentations de la licorne aux côtés de la Vierge Marie donnent à ce symbole une dimension spirituelle, la corne en spirale évoquant la fécondation de Marie par l'Esprit Saint. Certains artistes ont parfois représenté la Chasteté dans un chariot tiré par des licornes.

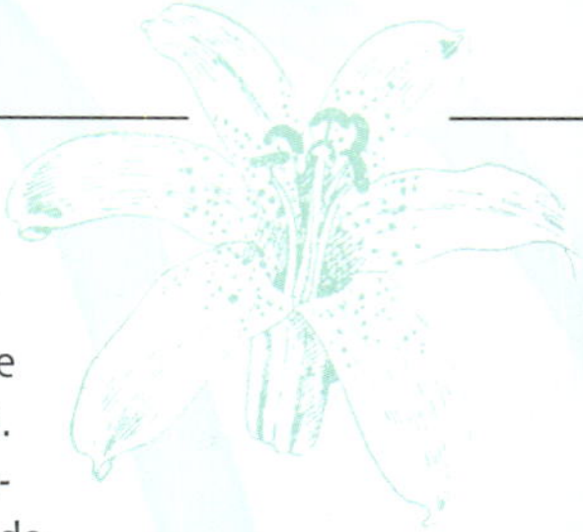

537 LYS

Dans l'art sacré, les saintes, et parfois les saints, tiennent un lys, qui devient tout à la fois l'emblème de la pureté et celui de la chasteté. Dans les tableaux illustrant l'Annonciation, on voit un lys dans la main de l'archange Gabriel, ou bien dans un vase près de Marie. Au Moyen Âge, cette dernière était désignée comme le « lys parmi les épines. »

538 AMANDE

Depuis fort longtemps, l'amande est associée à la génération spontanée, car son huile rappelle par son aspect la semence masculine. Cela explique les anciennes superstitions selon lesquelles les vierges pouvaient se réveiller enceintes si elles s'étaient endormies sous un amandier. Dans la mythologie classique, on disait qu'Atys, aimé de Cybèle, déesse de la Terre, était né d'une amande, et dans la Bible, Aaron, chef de la maison de Lévi, établit sa légitimité à la tête des prêtres d'Israël lorsque son bâton fleurit miraculeusement et produit des amandes. Ces traditions peuvent avoir eu une influence sur le développement de la **mandorle (539)**, ce cadre en forme d'amande qui entoure Jésus et Marie et semble symboliser à la fois l'enfantement d'une vierge et l'Ascension.

540-542 PLANTES À FLORAISON PRÉCOCE

Les nombreuses fleurs du printemps étaient jadis des symboles courants de la virginité, parce qu'elles étaient associées à la jeunesse. La **fleur de pêcher (540)** était un emblème de virginité au Japon et en Chine. Dans la Rome ancienne, les mariées portaient des **rameaux d'olivier (541)** ou des guirlandes d'**aubépine (542)** comme symbole de chasteté. Plus tard, en Europe, la tradition populaire affirmait que l'aubépine protégeait la chasteté.

543 L'ÉLÉPHANT CHASTE

On s'attend peu à ce que l'éléphant symbolise le célibat masculin. À l'époque médiévale, ce rapprochement curieux trouve son origine dans les bestiaires (qui détaillent la signification allégorique des animaux), qui faisaient l'éloge de la chasteté supposée du mâle pendant la longue période de gestation de sa femelle, qui atteint 22 mois.

544 HERMINE

Selon les légendes, l'hermine (un petit mustélidé cousin de la belette et du furet) meurt si son éclatante fourrure hivernale est salie ; elle fut donc choisie comme symbole de la chasteté.

Léonard de Vinci, entre autres, a peint des jeunes femmes avec des hermines pour souligner leur chasteté.

545 COLOMBE

Comme pour d'autres symboles chrétiens, l'utilisation d'un couple de tourterelles pour évoquer la chasteté contredisait le symbolisme classique attribué à cet oiseau : les Grecs et les Romains y voyaient, au contraire, une allusion à l'amour sensuel. Au Moyen Âge, des artistes apprirent dans les bestiaires de l'époque que les colombes formaient des couples stables leur vie durant, ce qui les incita à les choisir pour incarner la chasteté, entendue comme la fidélité matrimoniale.

546 JOYAUX

La valeur élevée qu'on attribuait à la virginité conduisit à considérer les pierres précieuses, surtout pâles ou blanches, comme des emblèmes de la chasteté. C'est le cas notamment de la **perle (547)**. Selon une croyance fort ancienne, les huîtres produisaient des perles après avoir été fécondées par le ciel, ce qui rappelle la conception sans tache de Marie par le Saint-Esprit. D'autres symboles de

Voir aussi

545 Colombe p. 129

547 Perle p. 232

549 Diamant p. 231

550 Tour de Babel p. 195

chasteté incluent le **cristal (548)**, en raison de sa clarté sans défaut, et le **diamant (549)**, toujours associé à la pureté de la vertu.

550-551 TOUR ET CHÂTEAU

Dans l'art comme dans la littérature, l'image d'une femme en haut d'une **tour (550)** ou enfermée dans un **château (551)** est l'archétype du symbole d'une virginité que l'on cherche à préserver. En Espagne, la représentation schématisée du gril, formé de barres entrecroisées, évoque la même idée sous une forme simplifiée. Sur un ton plus enjoué, certaines allégories de l'amour montrent des jeunes femmes se tenant en haut des remparts qui protègent leur chasteté, tandis que des jeunes gens attaquent le château en lançant des fleurs et des fruits.

552 MIROIR

Dans les mythes et les légendes, les miroirs sont souvent associés aux femmes. Les plus anciens, faits de métal poli, comptaient au nombre des attributs de plusieurs déesses mères.

Le symbolisme de la virginité est très explicite dans les tableaux qui montrent la Madone un miroir à la main. Il s'agit là d'une référence à une tradition chrétienne, qui décrit Marie comme « le miroir sans tache », reflet parfait de la bonté de Dieu.

553 JARDIN

Les artistes de la fin du Moyen Âge ont souvent représenté la Vierge assise dans un jardin bordé de murs, de haies de rosiers ou d'autres plantes épineuses. Cette image provient du *Cantique des Cantiques*, et d'un passage qui, selon le moine Bernard de Clairvaux, était une allusion à Jésus et à sa mère vierge : « Tu es un jardin bien clos, ma sœur, ô fiancée, une source verrouillée, une fontaine scellée... ». C'est le sens symbolique des peintures qui situent la scène de l'Annonciation, ou Marie tenant l'Enfant Jésus dans un jardin.

Voir aussi

553 Jardin p.57

555 Serpent p.155

557 Ancre p. 318

PRUDENCE ET SAGESSE

554 PERSONNIFICATION DE LA PRUDENCE

Les philosophes grecs considéraient déjà la prudence comme une vertu. Pour eux, le mot évoquait davantage la prévoyance avisée que la simple précaution. Le **serpent (555),** très ancien emblème de la sagesse, est souvent peint enroulé autour de la figure féminine de la Prudence, ce qui peut être mal interprété si l'on pense à d'autres symbolismes du serpent. Parfois, la Prudence tient aussi à la main un **miroir (556)** qui représente alors la connaissance de soi-même.

557 ANCRE

L'ancre est un autre attribut de la Prudence. Elle indique qu'il est raisonnable de s'arrêter pour réfléchir, avant de passer à l'action. L'empereur Auguste avait pour devise *festina lente* (« hâte-toi lentement »). À la Renaissance, les artistes illustraient ce thème par un dauphin (la célérité) associé à une ancre (la retenue).

558 PERSONNIFICATION DE LA SAGESSE

Dans l'art gothique, la représentation féminine de la sagesse se confond souvent avec celle de la prudence, même si elle est plus souvent représentée un livre à la main. Les artistes de la Renaissance s'inspirèrent de la mythologie classique, dans laquelle la déesse guerrière Athéna (Minerve, à Rome), était aussi celle de la Sagesse. Elle est donc figurée avec casque et armure et tenant à la main un bouclier et un rameau d'olivier.

559-561 OLIVIER ET HIBOU

Le nom de la ville d'Athènes vient du nom de la déesse Athéna, qui, selon la légende, remporta un concours pour la protection de la ville, en inventant l'olivier. Ce signe miraculeux de son intelligence et de sa prévoyance associait non seulement l'**olivier (559)** à la sagesse, mais aussi à la **chouette/hibou (560)**, qui passait pour être son compagnon familier. Athènes adopta donc la chouette comme emblème, et en frappa le revers des pièces dont la face portait l'image d'Athéna. En raison de ce lien, le hibou fit son entrée dans les fables avec la réputation d'être le plus sage de tous les oiseaux, et à ce titre apparut comme motif décoratif sur les reliures des livres. Plus généralement, les **oiseaux (561)** sont associés à la rapidité de la pensée et à la sagesse, entendue comme la culture et l'étendue des connaissances.

Voir aussi

560 Hibou
p. 160

562 Serpent
p. 155 & 245

562 SERPENT

Déesse de la Sagesse, Athéna était aussi associée au serpent. On gardait un reptile sacré dans le temple de l'Erechtéion, à Athènes. Les serpents des temples étaient en relation avec les mystères du monde souterrain et les prédictions dans tout le Proche-Orient antique. De là peut-être provient la description du serpent dans le Jardin d'Éden, qui est « plus rusé que tout autre animal. » Dans l'Évangile selon saint Matthieu, Jésus conseille à ses disciples d'être « rusés comme des serpents » lorsqu'ils apportent son message aux brebis égarées de la maison d'Israël.

563-564 BABOUIN ET IBIS

L'un des aspects les plus déconcertants de l'iconographie égyptienne est la représentation en **babouin (563)** de Thoth, dieu de la Sagesse, du Savoir et de la Créativité. Il apparaît aussi parfois sous la forme d'un **ibis (564)**. On a trouvé des momies de ces animaux près de Thèbes, et ils apparaissent aussi dans de nombreuses sculptures. On adorait Thoth, sans doute un ancien dieu lunaire, car il était un créateur omniscient des sciences et des arts. Il était plus célèbre encore pour avoir écrit des livres de magie. Les Grecs l'appelaient Hermès Trimegistus (celui qui est trois fois grand), et on l'appelait aussi « L'Être silencieux », « L'Aten d'argent », et « La Nuit magnifique ».

565 SPHINX

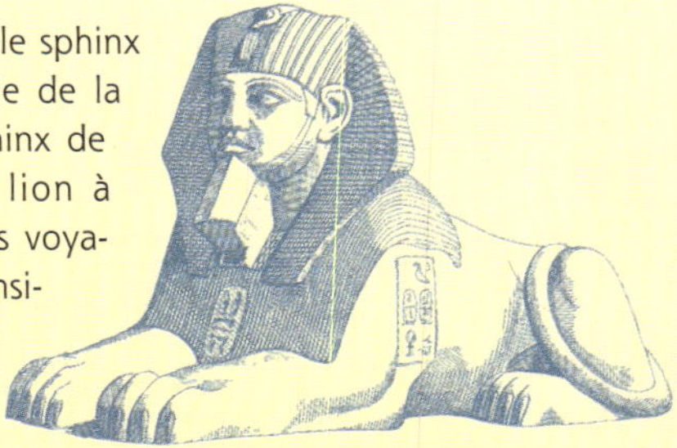

Après la Renaissance, le sphinx est devenu le symbole de la sagesse. Le grand sphinx de Ghizeh, en Égypte, lion à visage humain que les voyageurs romantiques considéraient comme l'incarnation de la « sagesse à travers les âges », fut comparé au sphinx grec qui posait des énigmes. Celui-ci était décrit comme un être féminin plein de séduction, au corps de lionne doté de seins et d'ailes. Œdipe, selon Sophocle, fut sauvé de ses griffes en donnant la bonne réponse à l'énigme célèbre : « Qui marche à quatre pattes le matin, deux le midi, et trois le soir ? » (Réponse : l'homme)

566-567 EAU ET SOURCES

Pour les taoïstes, l'**eau (566**) est une métaphore de la sagesse, puisqu'elle chemine en contournant les obstacles, en utilisant des moyens plus subtils que la force. Les mythes de pays très divers évoquent des **sources (567)** ou des fontaines de sagesse. Elles surgissent sans jamais se tarir des profondeurs de la terre et confèrent à ceux qui s'y désaltèrent la connaissance des choses secrètes. Odin, dieu nordique de la Sagesse, était si assoiffé de savoir qu'il fit don de l'un de ses yeux à son oncle, Mimir, en échange d'une gorgée de l'eau de la fontaine de la sagesse, qu'ombrageait l'Arbre du Monde. Les liens symboliques entre l'eau et la sagesse, ici perçue comme la révélation de la connaissance, sont très répandus dans les légendes et les contes celtes.

568 SAUMON

Les légendes irlandaises et galloises qui évoquent le « saumon de la sagesse » établissent une analogie poétique entre la difficulté à acquérir la connaissance et la détermination du saumon lorsqu'il lutte à contre-courant pour frayer. Les associations symboliques entre l'eau et la sagesse rendent encore plus significatifs les récits celtes dans lesquels les héros acquièrent la connaissance grâce à un poisson. Dans la légende de Finn mac Cumhaill, le protagoniste se trouve doté, par hasard, de

pouvoirs mentaux extraordinaires quand il se brûle le doigt sur un saumon magique qu'il avait laissé cuire trop longtemps. Il reçoit le don de prophétie au moment même où il enfonce son pouce dans sa bouche pour apaiser sa brûlure.

569 ARBRES À AKÈNES (NOISETIERS, NOYERS, CHÊNES, MARRONNIERS)

Les contes celtes précisent que ce fameux saumon plein de sagesse mangeait les noisettes que laissait tomber dans l'eau l'Arbre de la connaissance. Le noisetier est l'un des nombreux arbres dont on pensait que les fruits apportaient sagesse ou pouvoirs prophétiques. Les glands, les amandes et les marrons évoquent symboliquement une vérité dissimulée par une enveloppe épaisse et dure.

570-571 SEPT ET TROIS

On associe souvent le chiffre mystique **sept (570)** à l'intelligence et à la sagesse, symbolisme qui trouve peut-être son origine dans les sept jours de la semaine, qui se succèdent vers un accomplissement final. C'est aussi pourquoi on évoque parfois les sept piliers de la maison de la Sagesse. Dans l'iconographie bouddhiste, les empreintes des pieds de Bouddha portent les sept symboles de la sagesse divine, et on dit que Bouddha avait fait sept pas en direction de chacun des points cardinaux afin d'appréhender l'univers tout entier.

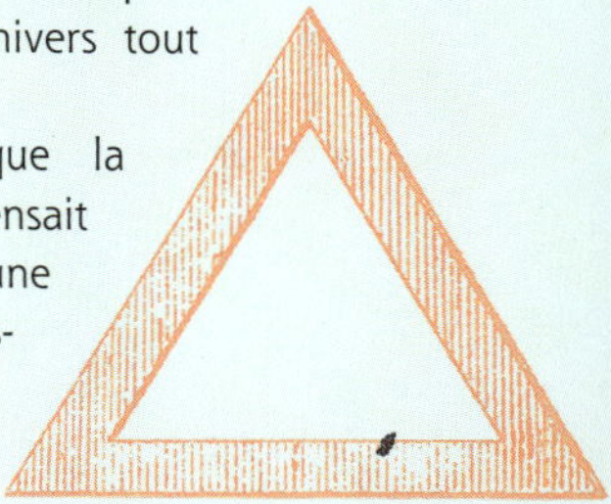

Pythagore, qui considérait que la sagesse était liée à l'harmonie, pensait que le chiffre **trois (571)** avait une importance fondamentale. Ses disciples utilisaient le triangle pour symboliser la sagesse et l'associaient à Athéna.

572-573 ŒIL ET CŒUR

Un **œil (572)** inscrit dans la paume d'une main est un emblème bouddhiste de sagesse et de compassion. Le « troisième œil » de l'hindouisme représente la sagesse transcendantale du **cœur (573)**. Ces notions sont des résurgences symboliques d'anciennes traditions selon lesquelles il n'existait aucune division absolue entre la tête et le cœur, en ce qui concerne la connaissance et la compréhension, la sagesse n'étant pas considérée comme le résultat exclusif de l'activité cérébrale. Blaise Pascal, philosophe du XVIIe siècle, ne disait rien d'autre quand il écrivait que « le cœur a ses raisons que la raison ignore. »

Voir aussi

570 Sept p. 33

571 Trois p. 73

572 Œil p. 140

FIDÉLITÉ ET LOYAUTÉ

574 PERSONNIFICATION DE LA FIDÉLITÉ

Dans l'art, la fidélité est celle du serviteur à l'égard de son maître. C'est pourquoi elle est personnifiée par une femme tenant à la main une clé et un sceau en or. L'autre symbole populaire de la fidélité est le chien, qui est parfois à ses côtés.

575 CHIEN

Le lien emblématique entre le chien et la loyauté ne cessa de se renforcer tout au long du XIXe siècle, lorsque les illustrateurs et les peintres victoriens représentèrent des chiens assis auprès des tombeaux de leurs maîtres, « fidèles jusqu'à la mort ». C'est aussi ce qu'évoquent les statues médiévales où l'on voit des chiens étendus au pied des effigies funéraires de leur maître ou maîtresse.

Dans de nombreuses cultures, les chiens étaient des gardiens, des compagnons et des guides, dans la mort comme dans la vie. Dans la tradition celte, ce sont les compagnons des guerriers, des chasseurs et des déesses de la Santé. Plusieurs légendes sur des saints chrétiens associent le chien et le dévouement, ou le bonheur d'avoir un compagnon à la fidélité absolue. Le chien est aussi un emblème du clergé, et il apparaît comme un gardien fidèle dans les allégories comme celle du bon pasteur.

576 CHEVALIER

La loyauté et l'honneur de servir comptaient parmi les conditions préalables pour devenir chevalier, et les symboles de la fidélité l'accompagnent toujours dans l'art, la littérature ou les légendes. Le chevalier réunit aussi d'autres vertus morales : le serment, qui ne doit pas être rompu, le désir d'affronter n'importe quel danger même au péril de sa propre vie contribuent au symbolisme général du chevalier, ce guerrier médiéval idéal qui se bat pour son seigneur, sa dame ou Dieu.

577 CEINTURE ET BAGUE

La **ceinture (577)** sert à maintenir l'unité d'un ensemble : cette caractéristique en fit dès l'antiquité un emblème de la fidélité aux vœux du mariage ou à l'engagement spirituel, au même titre que la **bague (578)**. Les soldats romains se dépouillaient de leur ceinture (qui était aussi une arme) lorsqu'ils quittaient le service, et l'on offrait aux Romaines une ceinture de laine en signe de fidélité conjugale. La ceinture de corde que portent les moines franciscains fait référence aux mains liées du Christ au moment de son arrestation, à sa flagellation, ainsi qu'aux vœux qu'ils prononcent pour le servir. Les trois nœuds de ces cordes représentent l'obéissance, la chasteté et la pauvreté.

579 PIERRE PRÉCIEUSE

Selon les traditions qui entourent les pierres précieuses, l'émeraude, le grenat, l'hyacinthe, l'opale et la topaze sont tous des emblèmes traditionnels de la fidélité. Cependant, toutes les gemmes sont associées au symbolisme plus général de l'inaltérabilité, qui concerne d'ailleurs tous les minéraux.

580 CANARD

Parmi les motifs décoratifs utilisés lors des mariages en Chine, on remarque parfois des canards, qui expriment la fidélité. Ce symbolisme provient des habitudes des canards mandarins, qui vont souvent par deux, et nagent de façon parfaitement synchronisée.

581 GRUE

En Chine, la grue est un important symbole de fidélité. Son impressionnante parade nuptiale, ses réapparitions régulières chaque hiver et sa réputation de longévité, répandue dans toute l'Asie, ont contribué à ce symbolisme.

582 ROMARIN

Le parfum insistant que dégage cette herbe aromatique est peut-être la raison pour laquelle on l'utilisait, à Rome, dans les cérémonies de mariage, comme gage de fidélité en amour. Son nom latin, *ros marinus*, qui signifie « rosée de la mer », l'associe à la déesse de l'Amour, Vénus, née de l'écume de la mer. On trouve un écho de ces significations anciennes en écoutant les plaintes d'Ophélie, dans *Hamlet* : « Il y a du romarin, c'est comme souvenir ; de grâce, amour, souvenez-vous. »

583 LIERRE

Le lierre est aussi considéré comme un emblème de fidélité, en particulier dans l'art chrétien, non seulement parce qu'il adhère aux murs, mais aussi parce qu'il est toujours vert. C'est également, bien sûr, un symbole du temps qui passe. Le peintre victorien Arthur Hughes utilisa les deux aspects de ce symbolisme dans son tableau *Les Longues Fiançailles*. On y voit un pasteur, trop pauvre pour se marier, et sa patiente fiancée, debout près d'un arbre sur lequel le lierre dissimulera bientôt les noms qu'ils y avaient gravés dans les premières exaltations de leur amour.

PURETÉ ET INCORRUPTIBILITÉ

584 BLANC

Le blanc, la plus pure de toutes les couleurs, représente la conscience pure et sans tache. C'est un symbolisme que l'on trouve dans la chrétienté et l'islam. Il évoque la pureté, non seulement lorsqu'on évoque les mariages en blanc, les chevaliers blancs, les prêtres vêtus de robes blanches, mais aussi dans les rites d'initiation à des sociétés secrètes, qui obligent les impétrants à se vêtir de blanc pour montrer la pureté de leurs intentions. Le mot « candidat » vient du latin, « blanc éclatant ».

La blancheur du **lait (585)** en a fait aussi l'emblème de la pureté. Il est dit que lorsque sainte Catherine d'Alexandrie fut décapitée, ce n'est pas du sang mais du lait qui coula de son corps.

Voir aussi

584 Blanc p. 280

586 Lys p. 54

586 LYS

Bien que dans l'art chrétien le lys soit souvent le symbole de la chasteté féminine, pour les chrétiens il rappelle la pureté, dans une acception plus large. Le lys blanc est la fleur dévolue à la Vierge Marie, mais il est aussi associé à son époux, Joseph, et à d'autres figures masculines. Cela contredit les traditions plus anciennes pour lesquelles le lys évoque l'érotisme et la fécondité. Le symbolisme chrétien doit beaucoup aux versets de saint Matthieu, quand il raconte comment Jésus demanda à ses disciples d'observer des lys dans un champ, déclarant que ces fleurs, qui s'abandonnent totalement à la providence divine pour vivre, « sont mieux vêtus que Salomon dans toute sa gloire ».

587 FEU

Le feu est plus un agent de purification qu'un emblème de la pureté elle-même. Mais une flamme peut symboliser la force de la pureté : ainsi, l'art chrétien montre des chérubins aux épées de flamme qui interdisent à l'homme de retrouver le che-

min du Jardin d'Éden. Le Saint-Esprit se manifeste par le feu, et Jéhovah s'exprime au cœur d'un buisson ardent.

588 EAU

Depuis toujours, le symbolisme de l'eau est lié à la pureté, dans un sens large ou plus spécifique. De façon emblématique, elle est la plus fraîche sous la forme de **rosée (589)**, qui avait la réputation d'être le nectar des immortels. Dans l'hindouisme, on l'associa à la parole divine et, dans le christianisme, au Saint-Esprit. Dans la mythologie chinoise, un Arbre de la Rosée Suave croissait au centre du monde. Les chrétiens ont également exploité un thème similaire, avec la **source (590)** de pureté et de salut, qui jaillissait des racines de l'Arbre de la Vie, et mêlaient ses eaux aux quatre fleuves du paradis. La croyance en la pureté intacte des sources minérales jouait un rôle dans les guérisons miraculeuses qu'on leur attribuait. Mais même les mares, dans les villages, avaient leur part dans ce symbolisme de la pureté de l'eau. C'est pour cette raison qu'on y jetait parfois les femmes accusées de sorcellerie. Leurs persécuteurs soutenaient que si elles revenaient à la surface, ce qui était généralement le cas, c'est parce qu'elles étaient impures et que l'eau les rejetait.

591 CERF

L'image des cerfs qui boivent l'eau des étangs ou des lacs évoque poétiquement les liens entre ces animaux et la pureté et la piété. C'est le sens symbolique qu'ils ont dans l'art sacré médiéval. L'emblème du roi Charles VI était un cerf depuis que, selon la légende, l'un d'eux se serait agenouillé devant lui à son entrée dans Rouen. Dans le dyptique de Wilton, le roi d'Angleterre Richard II porte un **cerf blanc (592)** brodé sur sa poitrine et ce motif se retrouve sur les robes des anges qui servent la Vierge Marie et Jésus.

593 MIEL

Le symbolisme céleste du miel provient non seulement de sa belle couleur dorée, mais aussi d'anciennes croyances selon lesquelles il constitue une nourriture dépourvue de toute impureté parce que les abeilles fabriqueraient le miel en butinant non pas le pollen, mais la rosée pure qu'elles boiraient dans les fleurs. Samuel Coleridge, poète et érudit, utilisa cette image dans les lignes merveilleuses par lesquelles s'achève son *Kubla Khan* : « Car il est celui qui s'est nourri de miellée/Et a bu le lait du Paradis. »

594 ENCENS

Depuis très longtemps, les résines et les gommes odorantes ont été utilisées comme encens, symbole de pureté et d'inaltérabilité, au cours des rites religieux, sacrificiel ou funéraire. On utilisait aussi la résine pour les embaumements, car on croyait qu'elle était l'essence incorruptible des arbres.

595-598 IVOIRE, OR ET PIERRES PRÉCIEUSES

La blancheur de l'**ivoire (595)** explique en partie pourquoi il devint symbole de pureté dans le monde chrétien, mais ce matériau est associé depuis beaucoup plus longtemps avec l'inaltérabilité. On l'a utilisé, des milliers d'années durant, pour sculpter de petites amulettes magiques ou des objets sacrés avant qu'il devienne le matériau favori des sculpteurs des ateliers des monastères, aux IXe et Xe siècles, à l'époque de la renaissance de l'art carolingien.

En Chine, l'ivoire et le **jade (596)** représentaient la pureté morale et l'incorruptibilité, dans la vie officielle et dans l'administration de l'empire. Des plaques et des pendentifs d'ivoire distinguaient les hauts fonctionnaires, et des insignes de jade étaient utilisés dans les cérémonies de cour et les rituels religieux. Le jade réduit en poudre était censé prolonger la vie, et des amulettes de jade

étaient parfois enterrées avec les morts. Dans la tradition occidentale, l'**or (597)** était l'objet de la même vénération en raison de sa couleur solaire et de sa résistance à la rouille. C'était le métal de la pureté ultime en alchimie. Parmi les pierres précieuses, seul le **diamant (598)** est porteur d'un symbolisme de pureté comparable. En Inde, il est mis sur le même plan que la pierre philosophale des alchimistes, tandis qu'en Occident, il est devenu une métaphore pour évoquer l'honnêteté sans défaut.

599 SEL

Utilisé pour la conservation des aliments, le sel évoque depuis longtemps l'incorruptibilité et l'imputrescibilité. Il symbolisait dans les civilisations sémites la sincérité et la force de loi qui liait les deux parties qui passaient un contrat. Le Lévitique fit du sel une offrande que devaient obligatoirement faire les Hébreux lorsqu'ils sacrifiaient les animaux, car ils étaient eux-mêmes le sel (c'est-à-dire le caractère pur et immuable) du pacte passé par Dieu avec son peuple. Jésus appelait ses disciples le « sel de la terre ». Dans le monde arabe, le sel était aussi un symbole de la bonne foi, et, dans les traditions grecque et romaine, un emblème de pureté. C'est ce symbolisme d'incorruptibilité qui explique pourquoi les pleureuses jetaient du sel dans les cercueils.

Voir aussi
596 Jade p. 82 & 101
597 Or p. 66

Émotions et instincts

AMOUR

600 PERSONNIFICATION DE L'AMOUR

Dans l'art occidental, Vénus et Cupidon sont les plus célèbres personnifications de l'amour depuis que les peintres et les sculpteurs de la Renaissance commencèrent à illustrer la mythologie classique. **Vénus (601)** était largement inspirée par la déesse grecque Aphrodite qui, selon le poète Hésiode, symbolisait « le doux plaisir et la délicatesse aimable de l'amour. » Plus tard, d'autres récits donnèrent d'elle une image plus passionnée et plus sensuelle, et la Vénus des mythes et de l'art romain symbolise plus souvent l'amour physique que l'amour spirituel. Le tableau de Titien *L'amour sacré et l'amour profane* illustre cette dichotomie. Il montre deux Vénus, l'une séductrice mondaine, vêtue à la dernière mode, l'autre divine, nue, avec à la main une flamme, emblème d'un idéal plus élevé de l'amour. Le dieu romain de l'Amour, **Cupidon (602)**, doit beaucoup lui aussi à ses modèles grecs. Le dieu originel Éros, chez Hésiode, symbolisait le désir capable de tout transformer. Platon en donna une image plus spirituelle en laissant entendre que l'amour véritable va bien au-delà du simple appétit sexuel. Mais Cupidon symbolise plus souvent la tocade soudaine, amorale et qui dure peu. Son **arc et ses flèches (603)** représentent les blessures infligées par l'amour, et le **bandeau (604)** qui lui couvre les yeux illustre l'aveuglement de l'amour qui lance ses flèches au hasard. Dans les tableaux qui célèbrent les triomphes de l'amour, Cupidon joue parfois un rôle plus élevé et triomphe alors de la concupiscence.

605 CŒUR

De nos jours, l'image du cœur est pratiquement devenue le synonyme de l'amour. Elle est identifiée dans le monde entier sous sa forme stylisée, rassurante par la douceur de ses courbes, avec la pointe vers le bas, et

Voir aussi

605 Cœur p. 211

évoquant vers le haut une lèvre supérieure bien dessinée. Mais l'utilisation du cœur comme symbole de l'ardeur romantique date seulement du Moyen Âge. Dans l'Antiquité, le cœur était avant tout le symbole du centre pour les philosophes. Petit à petit, il en vint à représenter l'amour lorsque l'émotion provoquée par l'amour se rapprocha elle-même du centre de la vie spirituelle et sensuelle.

Un cœur ardent peut symboliser la dévotion religieuse chez les saints ou les mystiques, ou la dévotion d'un homme pour une femme. De la même façon, un cœur transpercé d'une flèche symbolise parfois l'amour et les souffrances de Jésus ou bien, à la Saint-Valentin, le désir sensuel exacerbé ou l'amour éternel. Pour les catholiques, le Sacré Cœur, percé de clous ou couronné d'épines, est devenu un symbole essentiel de la Contre-Réforme. Il représente l'amour rédempteur du Christ.

Sur le plan psychologique, le cœur est un symbole féminin, puisque sa forme évoque celle d'un récipient. Le **vase (606)** lui-même représente le cœur débordant d'amour quand il est décoré d'un homme et d'une femme se tenant par la main.

607 INSTRUMENTS DE MUSIQUE

Les instruments de musique sont souvent associés aux divinités de l'Amour, et ce sont les troubadours qui furent les premiers à donner forme à la notion romantique et occidentale de l'amour.

Dans sa jeunesse, Mozart adressait des lettres codées à une « rose anglaise », dans laquelle les notes musicales remplaçaient les lettres de l'alphabet. Le pouvoir de la musique, capable d'exalter, de célébrer et de renouveler l'amour, parcourt le mythe grec d'**Orphée (608),** qui symbolise, chez l'homme, la croyance que l'amour peut tout vaincre, même la mort. Armé de sa seule **lyre (609)**, Orphée partit chercher son épouse défunte dans le monde infernal et chanta son amour éternel de façon si passionnée que la Mort se laissa attendrir et qu'Eurydice parvint presque à rejoindre le monde des vivants.

Le symbolisme de la **flûte (610)** est de nature plus clairement sexuelle. En Inde, c'est l'instrument du dieu de l'Amour **Krishna (611)** qui, croyait-on, avait fait naître le monde en en jouant, et qui s'en servit pour séduire un groupe de *gopis* (filles et épouses de gardiens de troupeaux), au nombre desquelles se trouvait sa bien-aimée, la déesse Radha. La flûte, qui apparaît souvent dans les eaux-fortes sensuelles de Picasso, est aussi l'instrument de **Pan (612)**, symbole grec de l'amour libre et sans contrainte.

Le **luth (613)** est l'emblème le plus répandu de l'amour romantique dans l'art de la Renaissance et l'attribut habituel de Cupidon.

614 FLEURS

Depuis des siècles, les fleurs sont des gages d'amour, qu'il soit spirituel ou sensuel et le demeurent de nos jours encore, puisque les amoureux s'envoient des bouquets et qu'elles figurent sur les cartes de vœux à la Saint-Valentin. La puissance de leur sens symbolique provient du fait qu'autrefois on les associait à la beauté, à la jeunesse et à la joie. Le mot anglais *posy*, qui désigne un petit **bouquet (615**), est en lui-même symbolique, puisqu'il a la même racine que le mot poésie. Les fleurs n'ont pas cessé d'être les plus populaires des messagères de l'amour, en partie parce qu'elles évoquent la spontanéité et la fraîcheur. Mais au XIXe siècle s'était développé un lan-

Voir aussi

614 Fleurs pp. 36, 257-258 & 340

gage codé plus complexe : lorsque l'on faisait sa cour, on choisissait telle ou telle fleur en fonction du sens exact du message que l'on voulait faire passer. Une **rose jaune (616)** pouvait laisser entendre que l'on était jaloux d'un rival, alors qu'un bouquet de **roses blanches (617)** exprimait le respect, exigé par les convenances, que l'on devait à la pureté juvénile de sa destinataire. La fleur qui évoque le mieux la passion est bien sûr la **rose rouge (618)**, emblème des déesses de l'Amour, et, en art, attribut principal de Vénus. En Occident, la rose rouge du désir, aux épines qui blessent, est un symbole qui connut une fortune singulière, que ce soit dans la littérature ou dans les beaux-arts, pour évoquer la quête tourmentée du cœur à la recherche d'une union que l'amour rend parfaite. Cependant, la rose rouge possède aussi une couleur associée à la sensualité. Dans la tradition orientale, le **lotus (619)** est l'équivalent de la rose comme symbole idéalisé du sexe féminin. Parfois, les miniatures indiennes montrent Krishna en train d'offrir cette fleur à sa bien-aimée, Radha, tandis que dans le bouddhisme tantrique la tige et la fleur du lotus sont l'image de l'harmonie tant spirituelle que sexuelle entre les principes masculin et féminin. La **pensée (620)**, au nom

évocateur et aux fleurs en forme de cœur, exprime l'amour et la tendresse des souvenirs. L'**œillet rouge (621)** était dans les Flandres un gage de fiançailles et c'est ainsi qu'il faut interpréter sa présence dans certains tableaux néerlandais.

622 BOUCLES DE CHEVEUX

Depuis toujours, les amoureux ont échangé des boucles de cheveux et ce sont souvent les souvenirs les plus intimes qui sont conservés lorsqu'il faut affronter de longues séparations. Elles symbolisent le fait de s'abandonner à l'amour, et de donner à un autre être une part essentielle de son identité.

623 BAGUES

Échanger des bagues au cours de fiançailles ou d'un mariage n'est pas seulement le symbole d'une union amoureuse. C'est aussi proclamer, de façon publique, son engagement. Dans la Rome antique, les anneaux de fiançailles avaient la forme de mains nouées et, à la Renaissance, on dissimulait des cœurs ou d'autres babioles minuscules dans les chatons des bagues. Mais, en général, c'est le joyau enchâssé dans la bague ou le matériau dont elle est faite qui lui donne une signification supplémentaire. Les alliances en **or (624)** pur symbolisaient l'amour éternel dans les anciennes croyances celtes ; elles ont encore ce sens aujourd'hui. La coutume de porter une alliance à l'annulaire est née au

XVIe siècle, lorsque les médecins affirmèrent qu'une veine reliait ce doigt au cœur.

625 PIERRES ROUGES

Des liens symboliques avec les feux de la passion firent des pierres rouges des emblèmes de l'amour ardent. L'exemple le plus remarquable est celui du **rubis (626).** On disait qu'il embrasait les amoureux et que sa couleur changeait si l'amour diminuait. Ainsi le rubis que possédait Catherine d'Aragon aurait pâli quand l'affection d'Henri VIII se porta sur Anne Boleyn. En Chine, au Japon et en Birmanie, le rubis est lié au bonheur conjugal. Le **grenat (627)** et **l'escarboucle (628**) sont eux aussi liés à la passion, mais aussi à la guerre, ce qui doit amener à réfléchir avant de choisir de les offrir comme gages d'amour.

629 DIAMANT

Le diamant, la pierre précieuse la plus utilisée pour les bijoux de fiançailles, est le symbole de l'amour éternel, ce qui est à méditer lorsque l'on considère le nombre de fiançailles rompues. La dureté et l'inaltérabilité de cette pierre en font un choix évident pour symboliser la sincérité et la constance.

630 SAPHIR

D'une utilisation presque aussi fréquente pour les bagues de fiançailles, le

Voir aussi

622 Cheveux longs
pp. 113 & 271

629 Diamant
pp. 83 & 203

bleu céleste du saphir évoque la vérité, la sérénité, l'harmonie et la paix domestique, qualités qui suggèrent l'espérance de l'amour éternel.

631 PERLE

La perle, dont la forme et l'éclat évoquent la Lune et dont l'origine ramène à l'eau, est d'un symbolisme extrêmement féminin. Elle renvoie de façon ambiguë à la pureté, mais aussi à la sexualité. Elle est depuis toujours associée à Vénus, déesse de l'Amour née de l'écume de la mer, ce qui accentue encore plus sa signification symbolique, puisqu'on disait que la déesse portait des perles.

632 JARDIN

Dans l'art en Perse, en Inde, en Asie et en Europe, on montre souvent les amoureux dans un jardin. Ces tableaux établissent un lien entre l'épanouissement de l'amour et les délices que promet un jardin pour les sens. C'est un lieu romantique idéal pour des rendez-vous secrets, avec ses fleurs et ses tonnelles.

Un thème fréquent des tableaux de la Renaissance est constitué par la **fontaine de Jouvence (633)**, au-dessus de laquelle trône Cupidon, tandis que les baigneurs, qui entrent vieux dans son bassin, en ressortent jeunes et revigorés. Cela signifie que l'amour, comme cette eau jaillissante, a des effets rajeunissants.

Voir aussi

631 Perle
pp. 79 & 202

634 NŒUD

Un motif de nœud ouvert symbolise l'amour qui unit et relie. Il est parfois un emblème clandestin qui suggère l'union physique dans l'art de la Renaissance. Dans certains tableaux de Vénus, Cupidon est occupé à faire un nœud, non loin de Mars avec lequel, d'après le mythe classique, Vénus avait trompé Vulcain, son époux. Au XIXe siècle, on parlait des « nœuds sacrés du mariage ». C'est une notion encore populaire de nos jours, et l'on utilise encore des motifs décoratifs qui montrent des initiales entrelacées dans des nœuds.

635 ROSSIGNOL

Les émotions complexes, où se mêlent la douleur et la joie, que l'amour fait parfois éprouver sont traditionnellement évoquées par le chant fascinant du rossignol, au printemps. Ce lien entre l'oiseau, l'amour et la douleur qu'il peut apporter a pour origine le mythe grec de Philomèle. Cette dernière fut violée par son beau-frère qui lui coupa ensuite la langue pour qu'elle ne puisse pas dénoncer son crime. Les dieux la changèrent en rossignol, lui permettant ainsi de raconter sa triste aventure grâce à son chant.

636 COLOMBE

Voir aussi

636 Colombe
p. 266

De nos jours, le lien entre la colombe et la paix fait de cet oiseau l'emblème de l'amour tendre et doux. Jadis, le symbolisme qu'on lui assignait était plus clairement sexuel, comme on le voit à Pompéi où des colombes sont représentées accompagnées d'un phallus ailé. On associait son cri gémissant à celui du plaisir sexuel, et, au Proche-Orient, la déesse de l'Amour, Astarté, avait des colombes pour compagnes, comme plusieurs dieux et déesses de la mythologie gréco-romaine, y compris Vénus et Cupidon. Deux colombes face à face symbolisent l'harmonie et la constance conjugales.

637 PERDRIX

La perdrix est appréciée en Iran pour sa beauté toute de grâce et de séduction. Elle était aussi associée, au Proche-Orient, aux déesses de l'Amour, les teintes rougeâtres de ses plumes évoquant la passion. Par association d'idées, une superstition voulait que sa chair eût des vertus aphrodisiaques.

638 CYGNE

En Occident, dans la poésie, la musique et le ballet, l'élégance et la beauté très graphique du cygne en ont fait un symbole fréquent de l'amour perdu ou de la passion mélancolique. Le mythe classique, qui raconte que Zeus prit l'apparence d'un cygne afin de séduire Léda, évoque lui-même l'impétuosité pleine de passion de l'amour, puis son déclin. Le héros d'une légende irlandaise trouve l'amour véritable en reconnaissant un cygne qui porte un collier d'or. Dans les fables grecques réécrites par Ovide, ce sont des cygnes qui tirent le chariot de Vénus.

639 CERF

On pensait autrefois que les symptômes provoqués par les souffrances de l'amour étaient l'expression d'une véritable maladie physique ou mentale. Cela permet de comprendre les représentations médiévales où l'on voit un cerf transpercé par une flèche et tenant des herbes médicinales dans sa gueule : c'est un emblème de la peine d'amour.

640 FRUITS

De nombreux fruits ont une connotation sexuelle, évoquée par leur forme, leurs graines ou leur jus délicieux, et l'on pensait que certains avaient des pouvoirs aphrodisiaques, comme la **tomate (641)**, importée d'Amérique du Sud en Europe par les Espagnols, qui lui donnèrent le nom de « pomme d'amour ». La **poire (642)**, autre emblème de l'amour associé à Aphrodite (Vénus), doit sans aucun doute l'érotisme de son symbolisme à sa forme aux courbes moelleuses qui évoquent les seins ou le pubis féminins.

Lorsqu'elle est coupée en deux, le dessin de son cœur rappelle un peu les organes génitaux féminins ; c'est pourquoi la **pomme (643)** est un très ancien symbole de l'épanouissement sexuel. C'est ce qu'elle signifie dans les rêves, selon l'écrivain grec Artémido-

Voir aussi

643 Pommes d'or
p. 326

rus, qui fut l'un des premiers à tenter de classer les rêves selon leur sens symbolique. La pomme est le prix que Pâris attribua à Aphrodite dans un très important mythe grec. Il avait été chargé de déterminer laquelle des déesses devait l'emporter après qu'Eris (la discorde) avait lancé parmi les dieux réunis une pomme d'or qui portait l'inscription « à la plus belle », ce qui avait déclenché une dispute très aigre entre les déesses rivales. C'est sa célébrité comme symbole de l'amour qui en fit le fruit de la tentation dans le Jardin d'Éden, même si dans la Genèse elle n'est pas spécifiquement nommée. L'**orange (644)**, elle aussi un symbole antique de l'amour, est choisie par certains artistes à la place de la pomme pour représenter le fruit défendu du paradis.

Celui qu'Homère appelait le « fruit doux comme le miel », la **grenade (645)**, était également un symbole de l'amour sensuel et de son pouvoir d'attraction car, selon le mythe antique, c'est le fruit qui envoya Perséphone (ou Proserpine) dans le royaume souterrain d'Hadès, après que ce dernier l'eut forcée à en avaler un morceau. C'est le sens emblématique de *Proserpine* (1874), tableau du peintre préraphaélite Dante Gabriele Rossetti, dans lequel une femme d'une grande beauté tient à la main une grenade dans laquelle elle a mordu. La grenade est un symbole de mariage et de fécondité, lié aux déesses de la Maternité et de l'Amour.

La succulente **fraise (646)** d'un rouge éclatant, à la forme arrondie et douce qui rappelle un cœur gonflé d'amour, semble être un important symbole de la sensualité dans l'art gothique de Jérôme Bosch. Dans son extraordinaire triptyque, *Le Jardin des Délices* (ci-dessous) on voit des couples mordre à belles dents dans ce fruit, sans se soucier des horribles châtiments représentés sur le deuxième panneau, celui de l'Enfer.

LUXURE

647 PERSONNIFICATION DE LA LUXURE

Bien qu'on la considère de plus en plus comme une pulsion universelle, la luxure fut stigmatisée par l'Église, au Moyen Âge, comme le pire des sept péchés capitaux. Dans l'art, on la représente habituellement comme une femme nue couverte de serpents et de crapauds qui semblent se nourrir de ses seins et de ses organes génitaux. La cruauté de ce symbolisme reflète la répulsion particulière que manifestait l'Église à l'égard de la sexualité de la femme. Le symbolisme chrétien est le seul qui considère les serpents et les crapauds comme des emblèmes de la luxure, alors qu'ailleurs ces animaux sont des symboles de fertilité très répandus. Le singe, le sanglier et l'ours, parmi d'autres, évoquent pour le christianisme le péché de débauche.

648-649 CENTAURE ET CHEVAL

La luxure masculine est symbolisée de façon très claire par le **centaure (648)**, animal hybride à tête, bras et torse d'homme sur un corps de cheval. Les mythes décrivent les centaures comme des violeurs ivres et incontrôlés. Ils dérivent sans doute des habitudes de vie plutôt rustiques des gardiens de troupeaux à cheval. Mais d'autres mythes parlent d'une race de centaures guérisseurs et enseignants. C'est de cette dichotomie qu'est né le centaure que nous connaissons dans l'art, c'est-à-dire une créature torturée qui lutte pour maîtriser ses plus bas instincts.

Voir aussi

649 Cheval
pp. 277 & 300

Le **cheval (649)** est lui-même un emblème très fort de la luxure ou du désir sexuel dans toute sa force et sa brutalité. Dans un tableau célèbre du peintre romantique Füssli, *Le Cauchemar*, un cheval aux yeux vairons surgit dans la chambre d'une femme endormie, sur la poitrine de laquelle un incube est accroupi.

650 SATYRE

Dans les fables grecques, le satyre symbolise l'énergie sexuelle, la luxure et l'hédonisme insouciant. Au Moyen Âge, le diable était souvent représenté avec les traits de cette créature sans morale, celle d'un homme avec des pattes de chèvre, des sabots, une queue et de longues oreilles en pointe ou des cornes. Dans la mythologie classique, il figure dans la suite des dieux amoureux du plaisir, comme Dionysos (Bacchus) et Pan (Faune), il séduit les nymphes et les naïades et se lance dans des danses effrénées.

Le comportement sexuel du **bouc (651)** est en soi l'origine de son symbolisme, en raison de sa virilité impressionnante. Les moralistes juifs le mirent à l'index à cause de sa conduite impure et peut-être aussi parce que l'intimité avec les chèvres se retrouvait dans les pratiques rituelles d'une secte égyptienne ; le christianisme adopta la même attitude, en faisant de cet animal le symbole de la luxure destructrice.

652 MINOTAURE

L'adoration ancienne portée à la virilité du taureau est peut-être à l'origine du mythe du Minotaure, cet homme à tête de taureau enfermé par son père dans un labyrinthe crétois. Sept jeunes filles et sept jeunes hommes d'Athènes devaient être offerts chaque année à ce monstre hybride, jusqu'à ce que Thésée réussisse à le tuer. De nos jours, on considère le Minotaure comme le symbole de la luxure réprimée. C'était un motif récurrent chez Picasso, qui voyait en lui une créature joyeuse, bon compagnon d'orgie à l'occasion ; cette façon de voir montre bien que le symbolisme de ce récit évolue de nos jours encore.

Voir aussi

654 Âne p. 191

653-654 PORC ET ÂNE

La passion bestiale et irréfléchie est également symbolisée par le **porc (653)**. Certaines peintures allégoriques chrétiennes montrent la Chasteté foulant du pied un porc qui représente la luxure. Dans la Bible et dans la mythologie classique, les porcs sont des emblèmes de l'avidité sensuelle, comme dans le récit de Circé, qui changea ses soupirants en pourceaux.

L'**âne (654)** est un autre emblème de la luxure dans les légendes gréco-romaines, mais souvent dans un registre plus comique.

ENVIE ET JALOUSIE

655 PERSONNIFICATION DE L'ENVIE

L'un des sept péchés capitaux, ce défaut fréquent chez l'être humain est représenté de façon frappante par une figure de femme qui s'est arraché le cœur de la poitrine et le dévore. Cela donne une portée nouvelle à l'expression « se ronger les sangs ».

656-658 SERPENT ET SCORPION

Les compagnons les plus familiers de l'Envie sont le **serpent (656)** et le **scorpion (657)**, dont le symbolisme vient probablement de leur venin, auquel on comparait la langue et les discours empoisonnés d'une personne envieuse ou jalouse. (Le scorpion est aussi, surtout dans la Bible, un emblème de la haine ou de la trahison.)

La **lamie (658)** était un monstre mythologique femelle à queue de serpent, qui dévorait les enfants. Elle avait été dans le passé une reine aimée de Zeus. Par vengeance, Héra, son épouse jalouse, enleva les enfants de Lamie et la changea en monstre. Ce récit effrayant symbolise l'enchaînement destructeur des événements que la jalousie peut provoquer.

Voir aussi

656 Serpent p. 30
657 Scorpion p. 81

659 CHAUVE-SOURIS

Les superstitions ayant cours en Europe à propos des chauves-souris trouvent leur origine dans leurs habitudes nocturnes. Dans l'Ancien Testament, la chauve-souris est appelée l'« oiseau du diable », ce qui a conduit à établir une analogie entre la chauve-souris et la méchanceté de certaines gens qui, par jalousie, répandent de fausses rumeurs. Invidia, personnification médiévale de la Jalousie, avait des ailes de chauve-souris.

660-661 VERT ET JAUNE

La teinte verdâtre de la peau des malades a conduit à penser que les gens dévorés d'envie pouvaient devenir **verts (660)**. Dans Shakespeare, Iago recommande à Othello de se « méfier du monstre aux yeux verts » qu'est la jalousie, mais décrit aussi sa propre jalousie un peu plus loin lorsqu'il dit qu'elle « n'a que faire de la nourriture dont elle se nourrit ». Iago est un fauve aux yeux verts qui joue avec Othello et entretient chez lui l'illusion que Desdémone le trompe. Le **jaune (661)** est l'autre couleur associée à l'envie, sans doute parce que sa couleur évoque celle du teint des bilieux.

Voir aussi

659 Chauve-souris pp. 72 & 160-161

661 Jaune p. 281

COLÈRE ET CRUAUTÉ

662 PERSONNIFICATION DE LA COLÈRE

Proche en cela de l'envie, la colère est souvent dépeinte comme une figure qui retourne contre elle-même son énergie émotionnelle, déchirant ses propres vêtements. À l'époque médiévale, les artistes montrent parfois des personnages masculins qui attaquent des moines ou des gens sans défense. Ce péché capital est aussi représenté par deux hommes qui se battent en duel.

663-664 TEMPÊTES ET VOLCANS

La nature dans tous ses déchaînements a fourni les premières et les plus évidentes des représentations symboliques de la colère. Dès la période antique, les **tempêtes (663**) violentes et le tonnerre étaient considérés comme les manifestations du courroux des dieux.

C'est également la voix des dieux du Tonnerre que les Japonais reconnaissaient quand les **volcans (664**) grondaient. Dans les îles du Pacifique, on craignait particulièrement la fureur de certaines divinités féminines : c'est ainsi que, – selon une légende hawaïenne, la déesse mère Pele a des accès de rage dévastatrice, malheureusement imprévisibles, et c'est l'un d'eux qui a provoqué l'explosion du volcan Kilauea.

665 GÉANTS

Dans la mythologie ou la littérature, les nombreuses histoires de géants violents et cruels ont peut-être les mêmes origines : les souvenirs enfantins des colères de parents ou d'adultes. En général, les géants personnifient l'énergie brutale et la rage incontrôlée, associées à une dose de stupidité qui permet aux héros de les vaincre non pas par la force, mais par l'intelligence : l'histoire de Goliath terrassé par David et sa fronde est un thème repris dans le fonds légendaire de nombreux pays.

Le symbolisme de la colère et de la régression qu'elle entraîne est particulièrement net dans le mythe des **cyclopes (666)**, cette race de géants dotés d'un œil unique. Pour éviter, ainsi qu'à ses compagnons, d'être dévorés, Ulysse parvient par ruse à aveugler et à échapper au cyclope Polyphème.

LION ET TIGRE

Ces deux fauves sont des incarnations de la colère et de la
667-668 cruauté, même s'ils ont d'autres significations symboliques plus positives, notamment protectrices. Plusieurs passages de la Bible font allusion au **lion (667)** pour décrire la colère divine, en conférant d'ailleurs un caractère de majesté, voire une légitimité, à cette colère. Le **tigre (668)**, en revanche, qui est le troisième signe du zodiaque chinois, est également l'un des « trois animaux insensibles » du bouddhisme chinois et représente la colère pure, sans aucun aspect positif.

Voir aussi

667 Lion pp. 29, 181 & 268

668 Tigre p. 30

669 OISEAUX

Pour symboliser la joie, dans la poésie comme dans les contes, aucune image n'est plus fréquemment utilisée que celle des oiseaux et l'évocation de leurs chants. Leur absence laisse la place à la tristesse et à la mélancolie. Certains d'entre eux sont des emblèmes ambigus, comme la **pie (670)** : en Chine, elle est liée à la chance, à la joie et à l'épanouissement sexuel, mais c'est un symbole négatif ailleurs. En général, toutefois, les oiseaux sont associés à un très grand nombre de valeurs et de qualités positives : absence d'entraves, liberté de mouvement, élan, spontanéité, imagination, vivacité d'esprit et même spiritualité au sens général. Les traditions populaires font du **chardonneret** ou du **pinson**

Voir aussi
674 Éléphant p. 201

(671), des symboles de la gaieté. La célèbre pièce de l'écrivain symboliste Maurice Maeterlinck, *L'Oiseau bleu* **(672)**, qui date de 1908, fait de ce fameux oiseau un emblème du bonheur.

673-674 VACHE ET ÉLÉPHANT

La **vache (673)** et l'**éléphant (674)** sont tous deux des symboles de bonheur en Inde et jouent un rôle central dans de nombreuses cérémonies et fêtes publiques depuis des siècles ; le portrait richement orné de Ganesh, le dieu hindou à tête d'éléphant, est promené en procession dans les rues de Bombay le jour de son anniversaire.

675-676 PRUNE ET NARCISSE

La **prune (675)** symbolise le bonheur matrimonial en Chine. Cette signification positive en fait l'un des « trois amis de l'hiver », aux côtés du pin et du bambou. Les plantes précoces sont souvent associées à la chance et à la félicité en Chine, et c'est pourquoi le **narcisse (676)** est aussi l'emblème des mariages heureux.

677 MYRTE

Cet arbrisseau à feuilles persistantes, qui pousse dans les régions au climat méditerranéen, était souvent utilisé pour faire des guirlandes ou des couronnes décernées aux vainqueurs dans la Grèce antique. Comme emblème du bonheur, il avait aussi sa place dans les rituels de mariage et de célébration des naissances.

678 NUAGES

Lorsqu'ils sont roses, ils représentent le bonheur en Chine. Ce symbolisme provient sans doute en partie d'un vieux dicton paysan qui en fait un présage de beau temps, mais surtout parce qu'ils sont associés au passage de la vie terrestre à la vie céleste. L'idée que les nuages peuvent servir aux immortels à se transporter dans les cieux se retrouve dans d'autres cultures. Ils sont aussi associés dans la pensée mystique à la notion de béatitude absolue et à l'illumination.

679 ÎLES

La croyance qu'il existe quelque part des endroits où règne la félicité a donné naissance à bien des légendes, dans lesquelles des îles enchantées sont des refuges où l'on échappe aux soucis et aux chagrins. Ce sont les « îles heureuses » de la mythologie classique, et les « îles des bienheureux » des Chinois ; elles constituent des paradis réservés à une minorité d'élus. D'autres mythes évoquent des îles magiques qui peuvent être découvertes par de simples mortels, en général au cours de voyages qui les entraînent vers l'ouest. Dans les légendes celtiques notamment, certaines îles comme Tir na n'Og ont le pouvoir de redonner la jeunesse. Mais souvent, les hommes qui les atteignent se lassent après un temps des délices qu'elles prodiguent, ce qu'on retrouve dans des mythes analogues de Grèce ou de Polynésie.

CHAGRIN, AFFLICTION ET MÉLANCOLIE

680 SATURNE

Le pessimisme et la mélancolie sont des caractéristiques de Saturne dans le symbolisme des planètes. Ce dieu des Romains empruntait des traits du dieu grec Cronos qui, selon Hésiode, avait castré son père Ouranos à l'aide d'une serpe, et dévorait ensuite ses propres enfants. Même si Saturne était aussi un dieu agricole, auquel s'attachait un symbolisme favorable, les astrologues médiévaux considéraient cette planète comme néfaste, et les alchimistes l'associaient à l'obscurité du plomb. Dans l'art occidental, une tradition fondée sur des interprétations symboliques incorrectes a fini par confondre Saturne et les dieux du Temps qui passe. C'est la raison pour laquelle il est représenté sous les traits d'un vieillard à barbe grise, avec pour attributs une serpe et une béquille, et compagnon de la Mort.

681-682 NOIR ET BLANC

Le **noir (681)** est traditionnellement la couleur du deuil dans la tradition occidentale, ce qui explique pourquoi le jais est la pierre qui lui est souvent associée. Comme l'indiquent de nombreuses expressions, « broyer du noir » ou « avoir des humeurs noires » entre autres, cette couleur évoque aussi le désespoir ou les états dépressifs, où l'on se trouve sans espoir de revenir vers la lumière. Dans les traditions chrétiennes jusqu'au IVe siècle, la couleur des vêtements funéraires était le **blanc (682)**. La signification symbolique était, dans ce cas, d'affirmer que la mort n'est qu'un passage vers une vie nouvelle.

683 BLEU

Le lien entre la tristesse et la couleur bleue est récent. L'expression « avoir le blues » remonte aux origines du jazz, et à la mélancolie des esclaves noirs d'Amérique, qui chantaient à la fin du jour leurs mélodies ancestrales. La lumière déclinante du **crépuscule (684)**, qui allonge les ombres dans une ambiance bleutée, a été néanmoins associée depuis plus longtemps à la mélancolie, en Europe du Nord. C'est cette signification symbolique qui affleure dans les mythes teutoniques, germaniques (les *Nibelungen*) et scandinaves (le *Ragnarök*), repris en particulier par le musicien Richard Wagner dans sa Tétralogie, cycle de quatre opéras dont le dernier a justement pour titre *Le Crépuscule des dieux*.

685 CENDRES

Les cendres représentent ce qui reste d'une vie humaine après qu'elle s'est éteinte, même dans les civilisations où l'ensevelissement des morts – et non la crémation – est la règle. Les associations anciennes entre le feu et la force de vie sont sous-jacentes dans le symbolisme des cendres, qui sont considérées comme le résidu de l'action combinée de ces deux énergies.

Dans la tradition arabe comme dans la tradition juive, on se couvre la tête de

Voir aussi

682 Blanc pp. 164, 216, 280-281 & 306

cendres en signe de deuil, et des rituels similaires ont été observés en Égypte et en Grèce.

Voir aussi

686–690 Fleurs pp. 53, 132, 228 & 267

686 Rose p. 313

686 ROSE

À Rome, il était d'usage de répandre des pétales de roses sur les tombes. Comme emblèmes du deuil, ces fleurs ne symbolisaient pas simplement la brièveté douloureuse de la vie terrestre, mais aussi l'espoir qu'elle se prolonge dans l'au-delà.

687 PAVOT

Le pavot était l'attribut des dieux grecs Hypnos (le Sommeil) et Morphée (le Rêve), un de ses fils, ce qui lui valut d'être associé à la période hivernale, où la végétation est « en sommeil ». Plus tard, la tradition chrétienne accorda au coquelicot une valeur sacrificielle, en créant une analogie entre le symbolisme ancien du pavot et le « sommeil de mort » du Christ avant sa résurrection. Ce contexte explique aussi pourquoi le coquelicot, dont les champs de Flandre étaient constellés, est aujourd'hui associé en Grande-Bretagne (comme le bleuet en France) à la célébration du souvenir de tous ceux qui sont tombés au champ d'honneur au cours des deux guerres mondiales.

688 ANÉMONE

Dans les rites grecs qui célébraient Adonis, que son mythe apparente aux divinités de la Végétation, l'anémone pourprée ou cramoisie était un emblème central, évoquant le chagrin ou la perte de l'être aimé. Selon la version qu'en a donnée Ovide, Adonis était un jeune homme de Byblos, si beau qu'Aphrodite l'aima. Chasseur invétéré, il fut mortellement blessé par un sanglier, un jour que la déesse n'était pas là pour le protéger. En pleurs, elle aspergea de nectar le sol rougi de son sang, et de chaque goutte de ce sang naquit une anémone, qui devint donc la fleur consacrée à sa mémoire.

689 IRIS

Les feuilles pointues comme des épées des plantes de la famille des iris, en particulier celles du glaïeul, suggèrent, dans les tableaux où apparaît la Vierge Marie, la douleur aiguë de la Passion du Christ et le chagrin de sa mère.

690 ASPHODÈLE

Selon la mythologie gréco-romaine, c'est la fleur qui pousse dans le séjour des ombres des justes, les Champs-Élysées. Sans doute le jaune pâle de ses pétales et le gris-vert des feuilles de cette liliacée correspondaient-ils, pour Homère, au caractère irréel et à la végétation chlorotique de ce monde étrange de l'au-delà où les esprits des morts erraient comme de vagues fantômes. À la période classique, l'asphodèle était souvent utilisé comme fleur funéraire.

Voir aussi

690 Asphodèle p. 85

692 Purification, expiation et sacrifice, pp. 358-367

691 CYPRÈS

La silhouette sombre, rigide mais digne, du cyprès a sans doute beaucoup contribué à ce qu'il devienne le plus répandu des arbres funéraires. Ce résineux est associé à l'immortalité : il est inaltérable. Consacré à Hadès (le Pluton romain), il est devenu pour les chrétiens l'arbre du deuil.

692 GESTES RITUELS

On a dénombré des centaines de rituels destinés à exprimer la douleur et le chagrin, ou à souligner l'importance d'une mort. Parmi les plus répandus dans les civilisations anciennes, citons des pratiques qui consistaient à s'infliger des blessures (se lacérer la poitrine ou s'autoflageller), déchirer ses vêtements, s'arracher les cheveux ou les couper, ainsi que le jeûne, l'abstinence, et les manifestations publiques de lamentations, parfois confiées à des pleureuses professionnelles.

L'**arrêt des pendules (693)**, qui symbolise le silence, l'absence et l'inéluctabilité des choses, est l'une des nombreuses coutumes européennes encore en usage dans certaines régions.

INSTINCT, INTUITION ET INCONSCIENT

694 ANIMAUX

La vénération, largement répandue dans les civilisations primitives, des emblèmes d'animaux, était souvent fondée sur la croyance qu'ils sont supérieurs aux humains, non seulement par leurs aptitudes physiques ou sensorielles, mais aussi par leurs capacités d'intuition. Leur facilité à se mouvoir sans hésitation dans l'obscurité laissait penser qu'ils étaient en contact avec les forces mystérieuses qui, croyait-on, gouvernaient le cours de la vie humaine. Plus tard, les religions monothéistes ont eu tendance à se méfier de l'instinct, de l'intuition et de l'inconscient, et leur ont donné une image négative.

À l'époque moderne, Jung a associé les aspects menaçants de l'inconscient à l'**ours (695)** en particulier, mais les animaux fabuleux et les monstres hybrides qui peuplent les mythes et les légendes sont souvent considérés par les psychologues comme des incarnations ou des images venues des profondeurs de la psyché humaine, comme les terreurs réprimées, les désirs enfouis et les pulsions agressives.

696 FORÊT

Selon Jung, la forêt pouvait être interprétée comme un symbole primal de l'inconscient. Cela est bien sûr corroboré par les contes populaires

Voir aussi

696 Arbres p. 52

698 Cavernes pp. 57 & 343

dans lesquels des enfants se perdent au plus profond des forêts. Ils constituent une métaphore de l'expérience et de la connaissance de soi qu'il est nécessaire d'acquérir pour affronter la vie adulte. Obscure et humide, la forêt est considérée comme étant d'essence féminine, et dominée par la puissance de l'intuition.

697-698 LABYRINTHE ET CAVERNE

Le **labyrinthe (697**) est une autre métaphore jungienne de l'inconscient, le voyage à travers ses méandres symbolisant le processus complexe qui mène à la découverte de soi. Cela est à rapprocher des mythes et des rituels dans lesquels il faut descendre dans une **caverne (698)** ou une grotte en suivant des tunnels terrifiants. On les parcourt en quête de la sagesse ou

dans l'espérance de retrouver le monde extérieur avec une personnalité nouvelle, transfigurée par l'épreuve.

699 MER

Élément mystérieux, fluide, sans forme définie, sans limites et recelant en son sein tout un monde de possibilités latentes, la mer est un symbole éclatant de l'inconscient collectif. Selon le célèbre exégète français de la mythologie grecque Paul

Voir aussi

699 Mer pp. 49-50
Eau p. 342

Diel, le violent dieu de l'Océan, Poséidon (Neptune), violent dieu de l'Océan, Poséidon (Neptune), repfonds de notre esprit, au-delà de la conscience.

700 OMBRE

L'ombre, assimilée à l'âme dans certaines cultures primitives, est pour Jung un symbole des faiblesses de caractère, des atermoiements ou des pulsions destructives cachées en chacun de nous. Elle contredit l'image que l'on a de soi, mais son influence sur l'inconscient peut être néanmoins considérable. Cette « ombre » prend parfois dans les rêves l'apparence d'un adversaire. Ce genre d'inversion symbolique est parfois révélé dans des cultures anciennes par le rôle attribué aux **nains (701),** notamment les bouffons des rois. Les gnomes sont souvent des personnages hostiles dans les légendes, associés à des grottes pleines d'ombres obscures, ou plus largement au monde souterrain, à l'instinct et aux connaissances intuitives.

702 LUNE

Cet astre qui domine la nuit, le sommeil et les rêves est naturellement associé à l'intuition, à la subjectivité et à la révélation ainsi qu'à l'expression des désirs inconscients. La Lune est bien sûr l'un des principaux symboles féminins, les femmes ayant d'ailleurs elles-mêmes traditionnellement des liens étroits avec l'intuition et l'inconscient.

Situations et états d'esprit

PAIX ET LIBERTÉ

703- 704 COLOMBE ET OLIVIER

La **colombe (703)** est l'exemple d'un symbole dont l'aspect convient parfaitement au concept qu'il représente. Sa tête ronde, son petit bec, son corps blanc et dodu ainsi que son roucoulement, en ont fait un emblème universel de la paix, mais aussi du pacifisme. Dans l'art occidental, la paix est souvent figurée comme une colombe portant un rameau d'**olivier (704)**. Cette image se rattache au récit biblique où Noé envoya hors de l'arche un corbeau, puis une colombe, afin de savoir si le déluge avait cessé et s'il restait un quelconque signe de vie. La colombe revint avec un rameau d'olivier dans son bec, signe que les eaux s'étaient retirées, gage de la paix retrouvée entre Dieu et les humains.

L'**arc-en-ciel (705)** est un autre emblème de cette alliance renouvelée. Dans la Genèse, Dieu dit : « Je mets mon arc dans la nuée et il deviendra un signe d'alliance entre moi et la terre. » L'olivier entretient également une relation étroite avec la paix. Pour les Romains, il était l'emblème de la *pax romana* : les émissaires des provinces rebelles ou des puissances hostiles apportaient un rameau d'olivier afin de symboliser leur soumission à l'autorité impériale. En s'inspirant de la Grèce, Rome choisit également le **laurier (706)** pour emblème de paix.

Voir aussi

704 Olivier pp. 62 & 201

705 Arc-en-ciel p. 67

707 Fleurs pp. 257-258

707 FLEURS

Depuis des siècles, offrir des fleurs symbolise la réconciliation. Cette signification prit une dimension poétique vers les années 1960, quand la génération du *flower power* choisit les fleurs comme emblème de la paix et de l'amour universels. Le symbolisme se retrouve dans les photographies prises à cette époque, où l'on voit des opposants à la guerre qui repoussent, à l'aide de fleurs, les canons des fusils tenus par des soldats. Ce genre d'action joua un rôle important pour mobiliser les civils américains contre la guerre du Vietnam.

708 ÎLES

Les îles, qui offrent un refuge lors des tempêtes, apparaissent dans les mythologies et les religions comme des lieux où règne la sérénité. Pour les hindous, l'île légendaire des Bienheureux représente la paix spirituelle au milieu de l'agitation de la vie matérielle.

709 NUIT

La nuit est un symbole extrêmement ambivalent, mais parmi ses aspects positifs, elle évoque la paix et le refuge. L'art grec la représente comme une figure féminine ailée, la déesse Nyx, mère de deux enfants. Le premier, **Hypnos (710),** blanc, évoquant le sommeil, et le second, sombre, symbolisant la mort. Hypnos est parfois montré avec un pavot dans les cheveux, associant la tranquillité du sommeil profond à celle que procure un narcotique.

711-712 LION ET AGNEAU

Dans l'art chrétien comme dans l'art moghol, le **lion (711)** et l'**agneau (712)**, emblèmes respectifs de férocité et de douceur, amicalement allongés côte à côte, symbolisent la paix. La notion de « royaume pacifique », dans lequel la nature n'est pas teinte du sang des blessures infligées par la griffe et la dent, demeure un thème très populaire dans l'art naïf.

713 SELLE

En Chine, l'association phonétique entre les mots « paix » et « selle » a fait de cet objet le symbole d'une vie domestique harmonieuse. Une coutume ancienne voulait qu'une jeune mariée enjambât une selle en entrant pour la première fois dans la maison des parents de son mari.

714 CALUMET DE LA PAIX

Le calumet des Indiens d'Amérique du Nord fut associé à la paix car il était fumé en grande cérémonie à l'issue d'un conflit, afin de symboliser la loyauté et la bonne foi des deux parties. De façon plus large, on offrait une pipe en signe d'hospitalité. Cependant, comme elle scellait parfois des alliances guerrières, le symbole était ambigu. La fumée elle-même était considérée comme un moyen de communiquer avec des puissances supérieures, dont l'aide pourrait s'avérer nécessaire en cas de difficultés.

715 CORNE D'ABONDANCE

Voir aussi
711 Lion p. 248

Les artistes utilisaient souvent la corne d'abondance comme un attribut de la paix, elle-même représentée par une figure ailée. Elle symbolise l'idée que la richesse et l'abondance des récoltes ne sont possibles qu'en des lieux épargnés par la guerre.

716 ARMES BRISÉES

Dans les beaux-arts, la Paix est parfois représentée par des armes brisées ou jetées dans un feu. Ce symbolisme se retrouve dans les traditions des Indiens d'Amérique du Nord, où des flèches brisées ou posées en tas évoquent la paix.

717 PERSONNIFICATION DE LA LIBERTÉ

Le plus célèbre symbole de la liberté est la statue de Frédéric Auguste Bartholdi, offerte par la France au peuple américain pour marquer le centenaire de sa déclaration d'indépendance et sceller l'amitié entre les deux nations. La **torche (718)**, que tient la statue de la liberté est elle-même un emblème de liberté. Les artistes en font l'attribut de Prométhée, qui déroba le feu aux dieux. Ce Titan symbolise la lutte des humains pour leur indépendance.

719 BONNET PHRYGIEN

Ce bonnet conique, dont le bord avant est roulé, est originaire de Perse. Ce couvre-chef fut adopté par les hommes libres en Phrygie, une contrée d'Asie Mineure. Par la suite, les Romains les attribuèrent aux esclaves affranchis, afin de symboliser leur nouveau statut. Il fut choisi comme emblème de liberté pendant la Révolution française. On le retrouve porté par une figure allégorique, brandissant une baïonnette et à la poitrine nue, dans l'impressionnant tableau de Delacroix intitulé *La Liberté guidant le peuple* (1831) qui célèbre l'insurrection parisienne des Trois Glorieuses.

Voir aussi

720 Cheveux longs p. 113

720 CHEVEUX LONGS

De nombreuses tribus guerrières aux frontières de l'Empire romain, particulièrement les Gaulois et d'autres peuples celtes, portaient des cheveux longs afin de proclamer leur liberté ou leur indépendance. C'est ce symbolisme qui fut repris par le mouvement hippy des années 1960.

GUERRE ET VICTOIRE

721 MARS

Dans l'art et la littérature en Occident, Mars est la plus célèbre personnification de la guerre. Son symbolisme était à l'origine celui d'un dieu italien de l'Agriculture, influencé par le dieu grec Arès. Il évolua ensuite pour devenir une divinité guerrière au fur et à mesure que les armées de Rome étendaient son empire par les armes. Les conquérants revenus de guerre lui offraient des sacrifices et les soldats romains s'exerçaient au combat sur

le « champ de Mars ». Dans la légende de la guerre de Troie, Mars, opposé à Minerve (Athéna), se trouva du côté des vaincus. Les peintres de la Renaissance, comme Botticelli, le représentent amolli par son amour pour Vénus (ci-dessous).

722 DRAPEAU

Contrairement à notre époque, c'est le symbolisme militaire qui prédominait sur les étendards les plus anciens d'Égypte, de Perse ou d'autres parties du monde antique. Ils portaient les emblèmes personnels des souverains ou des représentations d'animaux totémiques agressifs, comme le loup. La suprématie était marquée par la hauteur de l'étendard. Les drapeaux, bannières et banderoles avaient également un intérêt pratique : dans la confusion d'une bataille, ils offraient des repères permettant d'identifier les adver-

saires. La grande importance attachée à leur perte ou à leur capture révèle la puissance de leur symbolisme. Le drapeau tricolore de la Révolution française et le drapeau rouge du socialisme sont des exemples de la façon dont des étendards dépassent le nationalisme pour devenir des symboles de ralliement universel.

723 DANSE DE GUERRE

Au-delà de l'unification et de l'activation énergétique des combattants, les danses de guerre primitives possédaient également un symbolisme rituel. En représentant à la fois l'attaque et la défense, ces danses symbolisaient la bataille pour obtenir la victoire en faisant appel à la magie par analogie. Des survivances de cette tradition se retrouvent dans les danses du sabre exécutées par les Écossais et les Pathan du Pakistan.

724 PRÉDATEURS

Comme l'évoque l'expression contemporaine « **faucon (725)** de la politique », les oiseaux de proie sont souvent des emblèmes de guerre ou de victoire. Le **corbeau (726)** comme la **corneille (727)** présentent tous deux un symbolisme posi-

Voir aussi

723 Danse pp. 288 & 296

727 Corbeau p. 78

729 Faucon p. 179

tif dans certaines cultures, mais pour la tradition européenne, ils sont les compagnons de Wotan, dieu germanique de la Guerre, et donc associés aux batailles et à la mort.

Le plus important symbole animal de la suprématie militaire est l'**aigle (728)**. Dès la création de la république de Rome, il figurait sur les étendards comme oiseau de Jupiter, le dieu suprême. Les Hittites avaient choisi comme symbole un aigle à deux têtes, qui devint plus tard l'emblème de bataille des Turcs seldjoukides et l'emblème impérial de l'Empire romain comme de l'Empire turc. Napoléon faisait déployer de nombreux étendards portant des aigles afin de symboliser ses victoires militaires. Les nazis utilisaient également cette représentation du triomphe dans leurs rassemblements annuels de Nuremberg. Le **faucon (729)**, cet autre seigneur des cieux, partage avec l'aigle le symbolisme de la victoire.

730 PERSONNIFICATION DE LA VICTOIRE

L'art occidental utilise la figure féminine ailée de la divinité grecque Niké (Victoria pour les Romains) pour symboliser la victoire. Elle était célébrée comme il convient à la fille du puissant dieu de la Guerre Arès (Mars), mais tint également un rôle emblématique important au cours des premiers jeux Olympiques qui avaient lieu en honneur des dieux. Dans son sanctuaire à Olympie, Zeus est représenté tenant Niké dans sa main droite.

En 1811, le sculpteur Canova acheva un nu colossal montrant Napoléon portant un globe surmonté par Niké, les bras levés. Le destin en décida autrement, et cette statue fut finalement offerte à Wellington pour célébrer sa victoire à Waterloo. Par une sorte de prescience, Napoléon n'avait pas apprécié l'œuvre, parce que Niké semblait se détourner de lui.

731 ARC DE TRIOMPHE

L'arc de triomphe, sculpté de scènes de victoire, est l'un des monuments les plus emblématiques de la Rome antique. L'arche avait déjà des liens symboliques avec la suprématie dans le monde gréco-romain, par analogie avec l'arche supérieure qu'est la voûte céleste, emblème de Jupiter. L'arc de triomphe de la place de l'Étoile à Paris fut construit pour célébrer les victoires successives de Napoléon en Autriche, en Prusse et en Russie entre 1805 et 1807.

732 ANIMAUX

De nombreux animaux symbolisent la victoire dont le **lion** (**733**) et le **cheval (734)**, emblèmes d'un triomphe aussi bien spirituel que militaire. Dans l'art chrétien, les saints chevauchent parfois un cheval blanc. Selon une superstition romaine, la victoire était certaine si les armées en marche apercevaient un **loup (735)** avant la bataille. Il s'agit d'une référence probable à la légende qui associe le loup à Romulus, ce héros de guerre, fondateur de Rome.

Voir aussi

735 Louve, p. 126 ; Loup p. 162

La victoire sur la mort est parfois personnifiée par le fabuleux **phénix (736)** qui figurait sur les premières sculptures funéraires chrétiennes. Sur les pièces de monnaie romaines, cet oiseau symbolisait la fierté de Rome qui se glorifiait de toujours surmonter les revers militaires pour connaître à nouveau la victoire.

737 ÉTOILE À CINQ BRANCHES

Le symbole de l'étoile à cinq branches, qui est un très ancien emblème d'Ishtar, la déesse assyrienne des Combats (une personnification divine de la planète Vénus), s'élargit par la suite pour évoquer une domination à la fois militaire et spirituelle. Elle est associée au croissant sur les drapeaux des pays musulmans. Insigne militaire et policier, elle est alors présentée avec une pointe en haut et deux pointes en bas, ce qui est la disposition bénéfique dans le symbolisme traditionnel.

738 FEUILLES DE PALMIER

Les palmiers, dont les larges feuilles autour du tronc évoquent les rayons du Soleil, étaient vénérés dans le monde antique. La coutume qui consistait à offrir des palmes au vainqueur s'explique par leur taille et leur couleur, éternellement verte. Les palmes servaient d'emblèmes de triomphe au cours des processions romaines. Elles étaient décernées aux gladiateurs victorieux. Dans l'art occidental, la Victoire tient souvent une feuille de palmier. La chrétienté adopta ce symbole en y ajoutant une dimension spirituelle, conformément aux écrits de l'apôtre Jean qui rapporte que les gens agitaient des feuilles de palmier pour accueillir Jésus alors qu'il entrait à Jérusalem. Ce jour porte maintenant le nom de « dimanche des rameaux ». Symbolisant la victoire sur la mort, la palme est devenue l'attribut de nombreux saints de la chrétienté.

Voir aussi

737 Pentacle p. 20 ; Pentagramme et cinq p. 290

738 Palmier p. 295

739 COURONNE DE LAURIER

Les Grecs tressaient des couronnes de feuilles de laurier. Ils les offraient aux athlètes victorieux ainsi qu'aux poètes et musiciens qui participaient aux jeux de la Pythie, dédiés à Apollon. Selon la légende, le laurier purifia ce dieu dans les bosquets de Tempe en Thessalie, après qu'il eut tué le monstre Python à l'aide d'un millier de flèches. La renommée de son culte à Delphes conduisit à remplacer par le laurier toutes les couronnes d'olivier, de persil ou de pin, au symbolisme identique, mais qui étaient associées à d'autres dieux.

DÉFAITE, LÂCHETÉ ET TRAÎTRISE

740 JOUG

Le joug figure dans la Bible comme un emblème d'allégeance. Il était bien connu du monde romain qui l'utilisait symboliquement pour humilier les armées vaincues qui défilaient sous une structure en forme de joug afin de reconnaître leur soumission. Ce rituel se retourna contre les Romains quand, au IVe siècle avant J.-C., une de leurs armées fut vaincue par les Samnites dans le défilé des fourches Caudines et dut y passer sous le joug.

Le joug était également un instrument utilisé par les marchands d'esclaves. Dans le symbolisme chrétien, le joug possède une signification plus positive puisqu'il évoque la soumission docile à des vœux religieux, un fardeau librement accepté.

741 BLANC

Depuis des siècles le blanc est la couleur de la reddition, peut-être parce que les couards sont censés avoir la peau blême. Le **drapeau blanc (742)** est le symbole, universellement compris, d'un refus de résistance ou d'une demande de cessez-le-feu. Dans le monde anglo-saxon, l'utilisation d'une **plume blanche (743)** comme emblème de la lâcheté provient des combats de coqs. Afin de signifier qu'ils désirent cesser de se battre, les coqs vaincus lissent les plumes de leur cou en faisant apparaître une partie blanche. Durant la Première Guerre mondiale, en

Angleterre, des plumes blanches furent envoyées de façon accusatrice aux hommes soupçonnés d'avoir évité le service militaire.

744 JAUNE

Pour le monde anglo-saxon, le jaune est devenu un synonyme de peur et du manque de courage. Cette couleur est en effet associée à la pâleur du teint des lâches ; par ailleurs, le jaune clair est traditionnellement redouté comme un emblème de la maladie. Au XVIIe siècle, à Londres, des croix jaunes étaient peintes sur les maisons des pestiférés et les lieux de quarantaine étaient signalés par un drapeau jaune.

Le jaune est également symboliquement associé à la trahison, ce qui se retrouve dans les codes du théâtre traditionnel chinois. En France, un « jaune » désigne un ouvrier qui refuse de prendre part à une grève. Dans l'Europe médiévale, la croyance que les juifs ont « trahi » Jésus a conduit l'Église à les obliger à porter une marque distinctive, souvent de couleur jaune. Cette notion a été reprise, avec des motivations encore plus sinistres, par les nazis obligeant les juifs à coudre des étoiles jaunes sur leurs vêtements. L'art chrétien représente parfois Judas Iscariote vêtu de jaune.

Voir aussi

741 Blanc, pp. 164, 216 & 306

DUALITÉ ET UNION

745 SYMBOLE YIN-YANG (TAÏ-GHI-TU)

Le symbole graphique du yin-yang chinois, également appelé taï-ghi-tu ou « diagramme du Faîte suprême », remonte probablement à 1200 ans. Aucune représentation graphique ne retranscrit aussi simplement une notion philosophique. Ici, la dualité apparaît comme la force dynamisante du cosmos. Deux formes semblables à des poissons, l'une blanche et l'autre noire, chacune contenant un petit disque de la couleur opposée, s'enroulent l'une autour de l'autre. Cette construction offre l'image de la fluidité de la spirale associée à celle de l'équilibre parfait. Elle résume à elle seule la « voie » du taoïsme : l'acceptation du fait que le Tout est le produit de deux forces en constante interaction qui s'opposent mais se complètent.

Les spécialistes du taoïsme et du bouddhisme interprètent de façon très variée les éléments yin (noir, passif, féminin) et yang (blanc, actif, masculin) de ce symbole : ombre et lumière, Terre et Ciel, humidité et sécheresse, intuition et raison, obscurité et éclat, non-être et être.

Le **yiking (746)** ou *Livre des transformations,* qui permet de faire des prédictions, s'appuie sur la même interaction des forces opposées et complémentaires qu'évoquent les lignes brisées (yin) ou continues (yang).

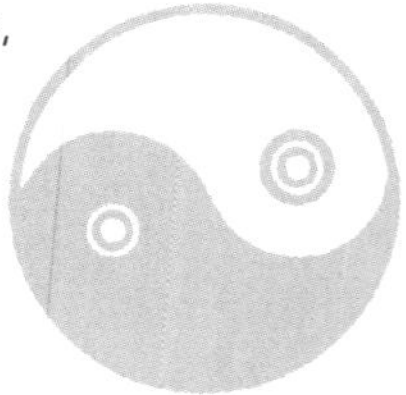

747 JUMEAUX

Les jumeaux peuvent aussi bien symboliser l'action commune que la désunion. Dans la mythologie grecque, les jumeaux de la constellation des Gémeaux, Castor et Pollux, protégeaient ensemble les navigateurs en apaisant les tempêtes. Selon le mythe, Zeus serait le père d'un seul d'entre eux, ce qui rappelle la superstition antique selon laquelle la naissance de jumeaux est le fruit d'une opération surnaturelle.

La mère de Romulus et Rémus, qui était une Vestale, justifia leur naissance en attribuant leur paternité à Mars. Au cours d'une querelle, Romulus tua Rémus. Des conflits analogues apparaissent dans les légendes des Indiens d'Amérique du Nord, où l'un des jumeaux symbolise le bien et l'autre le mal. Dans certaines sociétés primitives, les jumeaux, considérés comme un mauvais présage, étaient tués à la naissance.

748 DOUBLES

Reproduire deux fois une même image est souvent un moyen d'accroître son pouvoir symbolique. Cependant, les récits qui font intervenir les doubles sont habituellement empreints d'un symbolisme négatif qui rappelle la duplicité, l'usurpation d'identité, l'existence d'une seconde nature dangereuse ou même une possession démoniaque. Ces thèmes ont été exploités en littérature : dans le *Doppelgänger* cher au romantisme allemand, qui symbolise parfois le châtiment, ou dans *Docteur Jekyll et Mr Hyde*, de Robert Stevenson.

749 CROIX ANKH

La croix ankh, qui est un symbole de l'Égypte antique figurant la vie, est une croix en T surmontée d'une boucle ovale. Elle est souvent portée par la déesse Isis ou d'autres divinités, ainsi que par des pharaons. Elle représente, entre autres, l'union ou la réconciliation des opposés, particulièrement des principes masculin et féminin. Ceux-ci sont représentés sous la forme d'une clef qui donne accès à la vie comme à la mort.

750 HEXAGRAMME

L'hexagramme, qui est constitué de deux triangles superposés, l'un pointe en haut et l'autre pointe en bas, est un symbole antique de la synthèse ou de l'unité dans la dualité. Les alchimistes l'utilisaient pour représenter les pouvoirs complémentaires du feu (masculin) et de l'eau (féminin). Emblème d'Israël, on l'appelle aussi l'étoile de David, car ce roi fit cesser les conflits entre les royaumes de Juda et d'Israël.

Le nombre **six (751)** est lui-même un symbole d'union, parce qu'il évoque l'équilibre et la stabilité.

752 TRIANGLE

D'autres formes triangulaires peuvent également symboliser l'union de principes opposés, comme dans la représentation, au sens clairement sexuel, de triangles mâle et femelle en contact par leur extrémité. Deux triangles dont les bases coïncident représentent les phases croissante et décroissante de la Lune.

753 DISQUE AUX DRAGONS

L'image, très répandue en Chine, d'un disque encerclé par des dragons griffus se menaçant mutuellement est habituellement un emblème solaire. Elle symbolise également la réconciliation de forces qui s'opposent. Parfois les dragons sont remplacés par des serpents qui se combattent.

754- CARRÉ ET CERCLE

755 De nombreux mandalas hindous prennent pour base un **carré (754)** inscrit dans un **cercle (755)**, symbolisant l'union de la Terre et du Ciel. Le carré évoque la Terre, alors que le cercle représente la sphère céleste. Les temples bâtis selon une structure carrée et surmontés de dômes possèdent cette même signification emblématique.

756- CHAÎNE ET COLLIER

757 Les maillons d'une **chaîne (756)** sont un symbole d'union depuis l'Antiquité. Le poète Homère lui-même écrivit qu'une chaîne d'or avait été suspendue dans les cieux par Zeus pour

relier les sphères céleste et terrestre. Des chaînes décoratives, sous forme de guirlandes, célèbrent la cohésion sociale ou familiale lors de mariages, de réunions ou de réjouissances de toutes sortes. Le **collier (757)** est également parfois l'emblème d'une union ou d'une unité dans la diversité. Dans la célèbre coutume polynésienne, la guirlande de fleurs de tiaré, traditionnellement offerte aux invités, les relie symboliquement à leurs hôtes.

758 MARIAGE

Dans les sociétés antiques, le mariage était l'un des plus importants rites de passage que pouvait connaître un individu, l'affirmation de la perpétuation d'un ordre à l'échelle à la fois humaine et cosmique. Le mariage symbolise l'union étroite des deux principes opposés, mâle et femelle, perçue comme nécessaire à la création et la protection de vies nouvelles. Dans la mythologie comme dans l'art, les dualités essentielles que sont le dieu et la déesse, le roi et la reine, le Soleil et la Lune, le soufre et le mercure des alchimistes, appa-

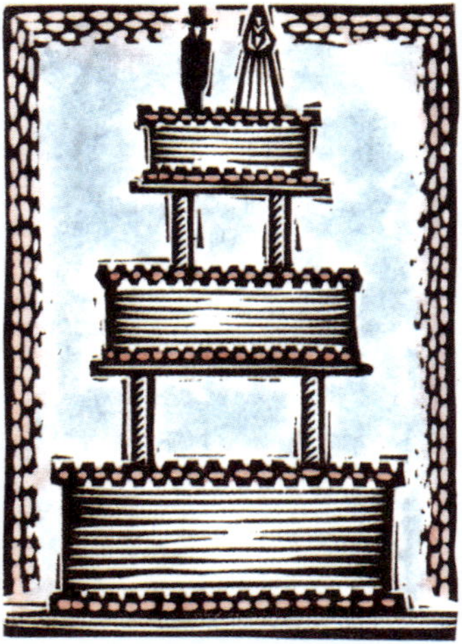

raissent toujours comme des emblèmes du Tout, écartant ainsi le chaos.

Parmi les symboles unificateurs que l'on retrouve dans les mariages actuels, se trouvent l'**anneau (759)**, qui évoque ce qui est indivisible et éternel ; les **mains enlacées (760)** ; le **gâteau de mariage (761)** qui unit deux familles dans le partage de la nourriture et, en Inde, le **nœud (762)**, avec lequel le jeune marié attache un ruban autour du cou de son épouse.

763 CERCLE

Les anneaux olympiques rappellent le symbolisme unificateur du cercle, forme géométrique qui évoque l'appartenance à un ensemble. La **table ronde (764)** de la légende arthurienne présente une signification similaire. Les chevaliers du roi Arthur, unis par un vœu de loyauté, formaient une élite où régnait l'égalité, et dont

Voir aussi

759 Anneaux p. 20

762 Nœuds p. 23

cette table ronde était le symbole. Toutefois, l'appartenance à un groupe est un privilège qui exclut tout ce qui est au-delà. D'où l'expression moderne : rejoindre le « cercle » d'amis de quelqu'un, un groupe uni et privilégié.

765 DOUBLE SPIRALE

Les motifs de la double spirale symbolisent l'unité dans la dualité. Un des plus anciens exemples en est le **caducée (766)**, le bâton des hérauts gréco-romains, sur lequel deux serpents en spirale représentent l'union de forces opposées. Dans l'art celte, les motifs très répandus de formes sinueuses et entrelacées n'évoquent pas seulement un attrait d'ordre esthétique, mais également la conscience des tensions créatives qui sont à l'œuvre dans le cosmos. La découverte que le code génétique humain s'inscrit dans une double hélice reflète encore davantage la présence persistante de cette figure, dans la nature comme au sein des organismes vivants.

767 DANSE

De nombreuses danses antiques évoquent l'union, surtout les danses en groupe où les personnes forment des figures (comme les quadrilles), ou celles qui permettent d'exprimer une joie collective comme lors des mariages. Cependant, la plupart des danses primitives symbolisaient l'union avec les forces cosmiques et la création d'un champ énergétique qui permet aux danseurs d'être en contact avec des mondes surnaturels et d'en ramener aide, protection, fertilité ou encore le pouvoir de guérir. Les danses effrénées des cultes orgiaques étaient censées transcender la nature humaine pour fusionner avec le divin.

768-769 SANG ET PAIN

Le mélange des **sangs (768)** est un moyen universel de sceller une union entre amis ou amants. Le pouvoir emblématique de la fraternité par le sang provient de la croyance antique selon laquelle ce dernier correspond à l'esprit vivant d'une personne. Cet échange permet alors d'établir un lien spirituel entre les êtres.

Rompre et partager le **pain (769)** est également un symbole d'union connu depuis fort longtemps. Dans la tradition chrétienne, le rite de l'Eucharistie consiste à rompre le pain, assimilé sous la forme de l'hostie au corps du Christ, et à boire le vin, qui représente son sang. Il permet de participer à la vie divine.

Voir aussi

766 Caducée, p. 31

767 Danse de guerre p. 274 ; Danse p. 296

770- PENTAGRAMME ET CINQ
771 Le **pentagramme (770)**, une forme géométrique à cinq pointes, était considéré comme un symbole de l'harmonie mystique par les philosophes grecs, dont Pythagore, le théoricien des nombres. Il associait ce nombre à Hygieia, la « santé » ou plus exactement la « vie saine ».

Pour lui, **cinq (771)** était la somme de deux (qu'il considérait comme féminin et terrestre) et de trois (masculin et céleste), représentant ainsi l'harmonie cosmique des opposés, le mariage du Ciel et de la Terre.

772 MUSIQUE
En Chine, les harmonies musicales reflétaient la façon dont la force vitale produite par la dualité permet de réconcilier des éléments très différents. Ainsi, les demi-tons des anciennes octaves chinoises étaient associés à des qualités yin ou yang. En Chine comme en Grèce, les symbolismes de la musique et des nombres étaient étroitement associés et censés être la clef des relations planétaires. Le philosophe Platon pensait que l'ensemble de l'univers formait une gamme musicale en même temps qu'une suite de nombres, établissant une analogie entre les vitesses relatives des planètes et les vibrations des cordes d'une lyre.

Voir aussi

770 Étoile à cinq branches p. 278

773 Jardin p.57

773 JARDIN

La description biblique du jardin d'Éden, d'où Adam et Ève furent chassés, montre un lien emblématique entre le jardin et un monde conçu par un dieu. Ce concept n'est pas uniquement judéo-chrétien. Dans de nombreuses cultures, et particulièrement au Japon, la création d'un jardin parfaitement harmonieux symbolise la capacité des êtres humains à atteindre par eux-mêmes un état d'harmonie spirituelle suprême.

774 MANDALA

Les motifs soigneusement ordonnés des très anciens mandalas hindous et bouddhistes symbolisent l'harmonie divine sous-jacente malgré le chaos apparent du monde matériel. Les éléments concentriques du dessin, inclus dans le carré extérieur (la Terre), enferment un espace sacré dans lequel un adepte peut pénétrer en se concentrant sur l'ensemble de l'image jusqu'à l'intégrer. Cette progression de l'extérieur vers le centre du mandala s'effectue en méditant jusqu'à ce que la conscience individuelle se dissolve dans la conscience cosmique.

Pour Jung, le mandala était un symbole du psychisme. La progression vers le centre est une analogie de la découverte du Soi, qui permet d'aboutir à une vision équilibrée de la vie.

Le **yantra (775)**, ou « instrument », particulièrement associé au bouddhisme tantrique, est une représentation du cosmos plus simple et plus linéaire. Au cours d'une méditation, ses triangles associés à d'autres formes géométriques permettent de construire une image mentale de lignes de force. Celles-ci conduisent au *bindu*, lieu de la création à partir duquel tout se développe et auquel tout retourne.

776 THÉ

La cérémonie du thé du bouddhisme zen, aux règles rigoureuses, symbolise la tranquillité et l'harmonie. Selon la légende japonaise, le Bodhidharma méditait avec tant d'intensité qu'il dut se couper les paupières afin de ne pas interrompre sa transe en s'endormant. En tombant sur le sol, elles firent naître les premiers plants de thé.

777 RESPIRATION

Dans les méditations musulmane, hindoue et bouddhiste, le contrôle de la respiration revêt une grande importance symbolique car il est censé permettre à l'esprit de se concentrer. En appliquant ce contrôle sous sa forme la plus poussée, les yogis hindous se mettent ainsi en phase avec le flux rythmique de l'univers.

MORT

778 PERSONNIFICATION DE LA MORT

L'idée de donner à la mort les traits d'un personnage qui vient ici-bas pour réclamer sa victime est depuis longtemps un thème populaire en littérature, au théâtre puis au cinéma. Elle suggère la possibilité de repousser ou de duper une divinité qui aurait revêtu une apparence matérielle.

La personnification grecque de la mort était **Thanatos (779)**, dieu impitoyable, drapé dans un manteau noir. Il était le fils de la Nuit et le frère du Sommeil. Dans *Alceste* d'Euripide, Hercule lutte contre ce dieu et l'oblige à relâcher Alceste, qui avait offert sa vie en échange de celle de son mari.

Dans les beaux-arts, la mort apparaît comme un **squelette (780)** souvent coiffé d'un capuchon et tenant une faux, une faucille ou une épée. Elle tient parfois un sablier, signifiant par là que la durée de la vie d'une personne est révolue. La mort provoquée par une guerre ou une épidémie peut être représentée par une silhouette à cheval qui emporte les corps dans un tourbillon. Le squelette devint un symbole omniprésent de la mortalité au XIVe siècle, dès les débuts dévastateurs de la peste en Europe.

Sur les tombes de guerriers ayant péri au combat, on trouve des représentations plus douces de la mort, qui apparaît sous la forme d'une femme ailée ou parfois voilée, et la main sur l'épaule d'un soldat.

De nombreux mythes et légendes possèdent leurs hérauts de la mort comme l'**Ankou (781)** breton. La tête dissimulée par un chapeau à larges bords, il se déplace à bord d'une charrette aux roues grinçantes. Il rassemble ainsi les âmes des morts pour les ramener chez son maître, aux Enfers. Dans la tradition musulmane, le messager de la mort est l'ange **Azraël (782)**.

783 PALMIER

Dans l'art chrétien, une feuille de palmier symbolise parfois l'approche de la mort. Faisant pendant à l'Annonciation, où l'ange Gabriel annonçait à la Vierge Marie qu'elle serait la mère du Messie, des représentations montrent l'archange Michel lui apportant une feuille de palmier juste avant sa mort. Elle signifie que la « palme » du paradis l'attend et que la mort n'est qu'un passage qui conduit à la vie spirituelle.

Voir aussi

779 Hypnos p. 267

783 Feuille de palmier p. 278

784-785 HUILE ET JEÛNE

Dans les cultures où la fin de la vie est perçue comme la dissolution du corps mais non de l'âme, le rituel symbolique qui entoure la mort est couramment pratiqué avant et après. Lors du sacrement catholique de l'extrême-onction, un prêtre oint avec de l'**huile (784)** consacrée les parties du corps du mourant correspondant aux cinq sens (ouïe, vue, odorat, toucher, goût) ainsi que ses pieds, afin de symboliser la rémission de ses péchés.

Dans les religions qui ne possèdent pas de pratique de rédemption, la préparation à la mort devient la responsabilité de chacun. Les ascètes adeptes du jaïnisme sont connus pour s'engager dans un **jeûne (785)** qui conduit à la mort, un moyen symbolique de purger leur corps de son karma négatif et de s'élever vers un niveau supérieur d'éveil spirituel.

786 DANSE

Dans de nombreuses cultures, la mort apparaît sous les traits d'un danseur ou même d'un **joueur de tambour (787)**, qui valse parfois avec le Diable ou avec une jeune femme. La présence de cette dernière rappelle à quel point la jeunesse et la beauté sont plus vulnérables que la vieillesse et la laideur. Dans l'Occident médiéval, le concept de la mort vue comme une grande égalisatrice était symbolisé dans l'art pictural par la **danse macabre (788) ;** les squelettes

Voir aussi

786 Procession p. 21 ; Danse de guerre p. 274 ; Danse p. 289

qui dansent ensemble portent les attributs représentatifs de toutes les classes sociales, depuis le pape jusqu'au plus humble serf. Une superstition médiévale voulait que les squelettes sortent des tombes et exécutent une **danse de mort (789)** au cœur de la nuit.

L'art hindou représente parfois la mort comme une danseuse séduisante. **Shiva (790)**, entouré d'un anneau de feu, tout à la fois dieu de la Mort et de la Danse, symbolise l'idée védique selon laquelle la mort fait partie du processus créatif qui anime l'univers.

791-794 NAVIGATION ET EMBARCATION MORTUAIRE

La fin de la vie est souvent perçue comme le début d'une grande **navigation mortuaire (791)**. Mis à part les spectaculaires bateaux funéraires utilisés par les Vikings, qui brûlaient le corps de leurs chefs de clan sur des drakkars, de nombreuses cultures

laissaient les cadavres dériver sur des **embarcations mortuaires (792)**, berceaux symboliques de ceux qui allaient renaître. En Égypte, les morts qui avaient été bénis pouvaient espérer rejoindre le dieu du Soleil dans son voyage nocturne en barque à travers le monde souterrain. La découverte de bateaux en bois de cèdre près des tombes des dignitaires montre l'importance de ce symbolisme.

Le passeur Charon permettait aux âmes des morts de traverser le fleuve des Enfers : c'est pourquoi les Grecs enterraient leurs morts avec une **pièce (793)** d'or dans la bouche afin de le payer. L'image de l'âme qui voyage sur les eaux est à l'origine de l'ancienne croyance pour les habitants des provinces côtières selon laquelle une personne mourante rend son dernier souffle à la **marée descendante (794)**.

795 ANIMAUX

Les animaux associés à la mort comptent des créatures ailées comme le hibou, la corneille, le corbeau et la chauve-souris ou des animaux psychopompes qui guident les âmes, à l'instar du **chien (796)** qui accompagne le passage de la vie à la mort dans de nombreuses cultures. Ce symbole est partagé par le chacal, comme le dieu égyptien **Anubis (797)**, qui participe au jugement des âmes, ou par le **loup (798)** dans les légendes des Indiens d'Amérique du Nord.

Voir aussi

798 Loup p. 162

Dans les anciennes coutumes parsi, un chien était amené au chevet du mourant pour qu'il aperçoive le monde souterrain reflété dans les yeux de l'animal. En Amérique du Sud, Xolotl le dieu-chien aztèque joue un rôle protecteur dans le monde souterrain et pour les Mayas, un dieu-chien permet aux âmes de traverser la rivière de la mort. Le **dauphin (799)** joue un rôle similaire dans les légendes crétoises, étrusques et grecques en transportant les âmes jusqu'aux îles Fortunées.

Le **cheval (800)** a ce rôle symbolique. Des images de chevaux ont ainsi été trouvées sur les murs de certaines chambres funéraires souterraines. Comme pour le chien, l'acuité de ses perceptions sensorielles a conduit à penser qu'il était en relation avec le monde des esprits. Cette croyance est peut-être à l'origine de l'ancienne coutume qui consiste à faire défiler un **cheval sans cavalier (801)** à des funérailles d'État ou militaires.

Des superstitions et des légendes racontent que les chevaux peuvent voir les esprits des morts ou être montés par eux, comme dans celle du **cavalier sans tête (802)**. En analogie avec la pâleur de la mort, ces chevaux fantômes sont blancs, comme celui que monte la mort dans l'Apocalypse.

Voir aussi

799 Dauphin p. 318

803 Cloche p. 26

803 CLOCHE

La cloche est le symbole de la voix divine. Autrefois, on sonnait le **glas (804),** non seulement pour annoncer une mort ou des funérailles, mais également juste avant que la personne ne rende son dernier souffle. Cette coutume permettait de s'assurer que l'âme de la personne mourante pouvait passer en toute sécurité dans l'autre monde, car la cloche écartait les esprits malins.

805 COMÈTE

Les comètes, comme tous les événements cosmiques inattendus, étaient traditionnellement de mauvais augure, et les gens pensaient que le passage d'une comète annonçait la mort d'un grand homme. Shakespeare écrivit dans *Jules César* : « À la mort des mendiants, on ne voit pas de comète/Lorsque les cieux eux-mêmes prennent feu, c'est pour la mort des princes. »

Vie spirituelle

DIVINITÉ ET SAINTETÉ

806 LUMIÈRE

Pour beaucoup de religions, la lumière équivaut presque à une divinité comme le montrent les périphrases : Allah est la Lumière du ciel et de la terre ; le Christ est la Lumière du monde et Gautama Bouddha, la Lumière de l'Asie. Certains cultes du Soleil et du feu, bien antérieurs, sont à l'origine des multiples formes des **nimbes (807)** ou d'émanations lumineuses qu'utilisent les artistes pour symboliser la divinité ou la sainteté d'une figure. Apollon, dans le monde grec, et Mithra, au Proche-Orient, figuraient parmi les dieux solaires représentés la tête entourée de lignes lumineuses ou de rayons, appelés par la suite **couronne d'or (808)** (ou de gloire). L'auréole qui entoure la tête du Christ prend parfois la forme d'une **croix de lumière (809)**.

Certains artistes de la fin du XVIe siècle, comme Titien, représentent souvent la divinité comme un flot de lumière inondant l'arrière-plan de leurs peintures. La force de ce symbolisme spirituel conduisit à la révolution architecturale de l'art gothique. Les grands **vitraux (810)** des cathédrales étaient destinés à « rendre immatériel ce qui est matériel ».

811 AURÉOLE

Ce rayonnement circulaire était déjà courant dans l'art byzantin du VIe siècle, symbolisant non seulement la divinité du Christ, mais aussi le caractère sacré

Voir aussi

806 Lumière p. 134 ;
Crépuscule p. 255

de la Sainte Famille, des anges, des saints et même de l'empereur et de son épouse, considérés comme les représentants de Dieu sur Terre. L'auréole était habituellement figurée comme un disque plat placé derrière la tête mais, à la Renaissance, elle prit la forme d'un anneau flottant dans les airs. De nos jours, elle est parfois utilisée de façon satirique pour représenter la vertu.

812 OR

Les symbolismes de la lumière, du Soleil et du feu, et par conséquent de la divinité, sont très attachés à ce métal comme à sa couleur. Dans l'art sacré, l'utilisation de la **dorure (813)** par les artistes byzantins et, plus tard, par les peintres d'icônes russes et beaucoup d'artistes de l'Europe médiévale, cherchait à symboliser le rayonnement divin, mais aussi à « accrocher » la lumière dans les lieux de culte. Dans le bouddhisme, l'or est également une couleur sacrée. En Égypte, ce métal était considéré comme la chair du dieu solaire Râ et, au Mexique, il était associé aux matières fécales de Huitzilopochtli, le dieu aztèque du Soleil.

814 BLANC

Le blanc, qui est la couleur de la lumière dans son rayonnement le plus intense, est le symbole de la spiritualité et de la sainteté, comme de la pureté. Il a été adopté par les ordres religieux de nombreux pays. Le pape est vêtu de blanc.

815 SOLEIL

Voir aussi

812 Or p. 66

814 Blanc pp. 255 & 280

Le Soleil était partout perçu comme le centre de l'univers et adoré comme un dieu dans nombre de cultures. Les empereurs romains n'abandonnèrent le culte de Sol, leur divinité solaire, qu'en 324, quand Constantin Ier se convertit au christianisme. Au IIIe siècle, le culte solaire viril du mithraïsme (fondé sur le dieu Soleil indo-iranien) était si répandu que l'empereur Aurélien fixa au 25 décembre la fête annuelle de Mithras, *Sol invictus*, le « Soleil invaincu ». Cette date fut rapidement récupérée par le christianisme qui en fit la date de naissance de Jésus, symbole de lumière.

Au Pérou et en Égypte, où les cultes solaires se sont le plus développés, la parenté supposée entre le monarque et son « père » divin permettait aux rois d'affirmer leur essence divine.

Le Soleil est souvent perçu comme une manifestation de la puissance de l'être suprême. Dans les traditions chrétienne, islamique et hindouiste, il représente l'**Œil de Dieu (816)**. Il personnifie ainsi son pouvoir de connaissance et de vision illimitées, et aussi une force irradiant l'amour et la vitalité. Selon Dante, aucun autre élément visible ne symbolise Dieu de façon plus adéquate.

817 DISQUE

Il est l'emblème de la divinité solaire qui est le plus répandu en Égypte et au Proche-Orient. En Inde, le disque rayonnant est associé à la puissance de Vishnou. Par extension symbolique, le disque ailé, qui évoque la suprématie de l'aigle, était associé aux dieux solaires comme aux dieux célestes. Il était l'emblème d'Ahura Mazda, le dieu iranien de la Lumière, ainsi que de Shamash, à Babylone, et d'Asshur en Assyrie.

818 LUNE

Dans la plupart des cultures anciennes, la Lune est la seconde divinité après le Soleil. Cependant, dans certaines civilisations, elle était « Dieu le Père », particulièrement au Japon, en Océanie et dans le monde germanique antique.

819 FEU

Dans l'ancien Iran, le feu était révéré comme une manifestation de la déité qu'il était censé abriter en son sein. Ce symbolisme se retrouve dans les traditions des Indiens d'Amérique du Nord.

Dans la Bible, le feu est également le signe de la présence de Yahvé, qui dispense sa parole du haut d'une montagne en feu, d'un buisson ardent et d'un pilier enflammé (emblème également attribué à Bouddha).

La **flamme (820)** est un symbole de divinité dans l'art chinois. Inscrite dans un triangle dans les illustrations alchimiques,

Voir aussi

818 Lune p. 123

819 Feu
pp. 341 & 358

elle évoque l'esprit divin. La flamme est également un attribut des dieux indiens Vishnou, Shiva et Krishna. Dans le monde chrétien, une lampe qui brûle dans une niche symbolise la présence divine.

821-829 PLANÈTES ET ÉTOILES

Des milliers d'années durant, les humains ont pensé que les planètes étaient des divinités vivantes, correspondant à des dieux ou des déesses dont les caractéristiques et les pouvoirs étaient connus de tous par la symbolique mythologique. En plus du Soleil et de la Lune, considérés comme des planètes, cinq autres corps célestes étaient censés influencer le cours des destinées humaines (désignés par leurs noms romains) : **Jupiter (822)**, appelé Zeus en Grèce et Marduk en Mésopotamie ; **Saturne (823)** ou Cronos, Ninib ; **Mercure (824)** Hermès, Nabu ; **Vénus (825)** Aphrodite, Ishtar, et enfin **Mars (826)**, Arès, Nergal.

Dans l'art, les dieux associés aux planètes sont souvent accompagnés d'une **étoile (827)**, un autre symbole de la divinité. Une **étoile à quatre branches (828)** évoquait ainsi le dieu solaire babylonien Shamash. De nombreuses « reines célestes », comme Ishtar en Mésopotamie, Isis en Égypte ainsi que la Vierge Marie, portaient une **couronne d'étoiles (829)**.

830 ÊTRE SUPRÊME

La première croyance en un être suprême n'était pas l'apanage des traditions monothéistes. Cependant, il existe fort peu de symboles de cette forme supérieure de divinité. Cela reflète la croyance qu'un tel être (ou « non-être ») ne peut être connu, représenté ou même nommé. Bien que la Bible parle de « Dieu » ou du « Seigneur », son nom sacré en hébreu est simplement formé des quatre lettres YHWH, « Yahvé » que l'on peut éventuellement traduire par « Je suis ».

Dans l'art liturgique chrétien, la représentation de Dieu sous l'aspect d'un **père (831)** vénérable, à la grande barbe et aux cheveux longs, n'apparaît qu'à la Renaissance (elle est probablement inspirée par les images de Jupiter). Auparavant, seul Jésus figurait l'incarnation de Dieu.

Le nombre **un (832)** symbolise Dieu dans la tradition judéo-chrétienne et dans l'islam qui interdit les représentations d'Allah. La **main (833)** sortant des nuages et l'**œil (834)**, parfois inscrit dans un triangle, sont d'autres emblèmes chrétiens. Le **triangle (835)** représente la Sainte Trinité : le Fils, le Père et le Saint-Esprit, symbole d'une divinité en trois personnes mais indivisible. Parfois, Dieu est

Voir aussi
837 Poisson
pp. 49 & 66

montré muni d'une **auréole triangulaire (836)**. La Trinité est également symbolisée par trois **poissons (837)** entrelacés ou encore par un poisson à trois têtes, probablement parce que cet animal avait été choisi comme le premier symbole du Christ. D'autres religions avaient attaché une signification sacramentelle au poisson, mais celui-ci devint un emblème occulte pour désigner Jésus car ce nom, écrit en grec, forme un acronyme pour « Jésus-Christ, fils de Dieu, sauveur ». Dans l'art figuratif, la Trinité est représentée par Dieu et le Christ en compagnie d'une **colombe (838)** évoquant le Saint-Esprit.

839 TRIMURTI

Dans l'art indien, Brahma, Vishnou et Shiva symbolisent l'unité divine, représentée sous la forme d'une figure à trois têtes appelée Trimurti. Cette triade sacrée n'est pas celle d'un système monothéiste, comme la Trinité chrétienne, mais une image qui concentre les cycles de la création, de la conservation et de la destruction du monde matériel. Parfois, Shiva seul apparaît sous trois aspects différents avec la même signification. Ce triple pouvoir est également symbolisé par un **trident (840)**, parfois dessiné sur le front de ses adorateurs.

841 CENTRE

Dans les religions les plus importantes, le centre est le symbole de l'être parfait, l'essence de la divinité ou la demeure de la déité. En métaphysique, il est représenté par un **point (842)** qui concentre et contient la signification de toutes choses. Tous les symboles présentant une symétrie autour d'un axe, depuis les colonnes jusqu'aux montagnes ou aux temples à gradins, peuvent évoquer la notion de centre. Celui-ci est parfois représenté graphiquement par une petite croix ou un point à l'intérieur d'un cercle. Ce dernier constitue également un très ancien symbole des dieux solaires.

L'emblème de la société des rosicruciens est une **rose (843)** au centre d'une croix, symbolisant le cœur du Christ, lumière divine au centre de la roue de la vie.

844 SVASTIKA

Pour les Anciens, le svastika évoquait les quatre points cardinaux et l'élan solaire d'une roue qui tourne et dont les rayons ruissellent de lumière. Dans le monde antique, particulièrement dans les cultes indo-iraniens, elle représentait des dieux solaires et célestes. Au début du XXe siècle, ce symbolisme servit de ralliement à des groupes antisémites, comme emblème de la pureté de la race « aryenne ». Toutefois le svastika a été associé à d'autres divinités, y compris au Christ (sur des inscriptions dans les catacombes). Pour le jaïnisme, il symbolise l'être suprême.

Voir aussi

843 Rose fanée p. 36

844 Svastika p. 88

845- TONNERRE ET FOUDRE
846

Le **tonnerre (845)** et la **foudre (846)** étaient symboliquement reliés à de nombreux dieux célestes. Dans le livre de l'Exode, ils évoquent la présence de Dieu proclamant les Dix Commandements : le tonnerre symbolise la voix divine et la foudre les mots qui sont révélés. L'éclair, représenté par des flèches en zigzag, est l'emblème de l'autorité divine dans la main de Zeus (Jupiter) ou d'autres dieux mâles tout-puissants, comme Thor dans la mythologie scandinave. En Amérique du Nord comme en Afrique du Sud, la puissance divine du tonnerre et de la foudre était personnifiée par un oiseau de proie géant. On disait autrefois que les personnes touchées par la foudre étaient marquées par Dieu.

Voir aussi

845–6 Tonnerre et foudre pp. 49-50

847 Vent p. 36

847 VENT

Dans de nombreuses cultures, en particulier dans l'Amérique précolombienne, les dieux du Vent sont des déités importantes. Mais l'air et les mouvements qui l'agitent ont un symbolisme plus large et plus subtil en général car ils sont une métaphore de la nature de la divinité : une force qui peut être ressentie sans être vue, qui est invisible mais pénètre partout. Pour le christianisme, le vent est le symbole du Saint-Esprit évoqué dans la Genèse : « Et la Terre n'avait plus de forme et était vide ; et les ténèbres étaient au-dessus des profondeurs. Et l'esprit de Dieu surmonta les eaux. »

SALUT ET RÉDEMPTION

848 CROIX

Si la croix des chrétiens représente la foi, son symbolisme essentiel est celui du salut. Elle évoque la rédemption des péchés au travers du sacrifice de Jésus, Dieu fait homme, et la promesse d'une vie éternelle pour les croyants. Le **crucifix (849)** est une croix latine, avec la barre transversale positionnée vers le haut, avec l'image du Christ crucifié. Il existe une dizaine de formes de croix, aux significations nuancées et associées à des centaines de motifs héraldiques.

La courte barre placée au-dessus de la barre horizontale de la **croix grecque (850)** fait référence à l'inscription ironique que les Romains avaient clouée au-dessus de Jésus, « INRI », qui est un acronyme pour « Jésus de Nazareth Roi des Juifs ». On l'appelle aussi croix de Lorraine.

La **croix en forme de Y (851)** brodée sur les chasubles des prêtres évoque Jésus suspendu à la croix. Cette forme a été rapprochée de l'image d'un homme pendu à l'**Arbre de vie (852)**, symbole de régénération par le sacrifice d'un bouc émissaire

Voir aussi

848 Signe de croix p. 22

855 Agneau p. 164

humain. Sur certaines peintures médiévales, Jésus est représenté crucifié à un arbre plutôt qu'à une croix.

La plus ancienne croix chrétienne connue est appelée **Chi-Rho (853)**. Elle était probablement un emblème de salut pour les troupes de l'empereur Constantin, qui l'arbora en 312, pour aller au combat. Formée à partir des lettres grecques X et P, elle constituait un acronyme de « Christ » mais aussi de « chreston », qui signifie *de bon augure*. En dehors de son message spirituel, elle était aussi un talisman. En Égypte, l'Église copte a interprété la **croix ankh (854)**, surmontée d'une boucle, comme un symbole de la vie éternelle, la boucle évoquant la continuité.

855 AGNUS DEI

L'Agnus dei (« Agneau de Dieu ») qui désigne le Christ, est représenté par un agneau avec une croix de lumière. Au-dessus de lui, une bannière symbolise la victoire sur la mort grâce au sacrifice de Jésus, le Sauveur. Le sang des agneaux sacrifiés à Jérusalem lors de la Pâque juive était déjà un symbole de salut chez les Hébreux à l'époque de la mort du Christ.

856 ANCRE

L'ancre était pour les chrétiens l'un des premiers signes secrets évoquant la croix. Saint Paul en a fait une « métaphore » du salut en rappelant son rôle essentiel pour sauver des vies en mer en cas de tempête. Dans l'Épître aux Hébreux, il enjoint les chrétiens d'être confiants dans le salut et de saisir l'espérance comme «... une ancre de notre âme, sûre autant que solide... ».

857 DAUPHIN

Le dauphin transpercé par un trident ou accompagné d'une ancre fait partie des premières représentations symboliques du salut obtenu par le sacrifice du Christ. Les légendes et les mythes méditerranéens sur les dauphins qui sauvent des êtres humains ont joué un rôle important dans la naissance de ce symbolisme. Selon certains spécialistes, le « grand poisson » qui a avalé Jonas pouvait être un dauphin, ce qui crée une analogie entre ce récit et la mort puis la résurrection du Christ.

Voir aussi

857 Dauphin p. 300

858 **ARCHE**

Dans l'art sacré médiéval, l'arche de Noé symbolise parfois le salut promis par les doctrines de l'Église. Jésus, le grand rédempteur, est lui aussi comparé à une arche. C'est par lui qu'est sauvée l'humanité.

859-860 **RAISIN ET SANG**

Sur les tombes chrétiennes, des grappes de **raisin (859)** sont des emblèmes du salut et de la rédemption. Leur association symbolique avec la bénédiction divine est très ancienne. Le cep avec une grappe de raisin rappelle aux chrétiens le moment où les Hébreux comprirent qu'ils avaient atteint la Terre promise. Le christianisme lui a donné une signification plus large en associant la vigne et le vin au **sang (860)** de Jésus donné par son sacrifice. La parole de Jésus : « Je suis le vrai vin et mon Père est le vigneron », signifie que son sang, purifiant tous les péchés, représente le salut chrétien.

861 **GRAAL**

Les légendes et les romans médiévaux racontant la quête du Graal divisent les chercheurs sur la signification symbolique de cette coupe. Dans la pensée chrétienne, il s'agit de la recherche de la grâce divine, ultime source de salut, au travers d'une communion mystique personnelle avec le Christ. De là vient l'idée que le Graal est le calice utilisé lors du dernier repas du Christ, ou encore un vase, contenant le sang de Jésus, recueilli par Joseph d'Arimathie au moment de la crucifixion.

Voir aussi

859 Vigne p. 63

860 Sang p. 289

861 Coupe p. 37

862 SOURCE

Le symbole de pureté de l'eau des sources naturelles donna naissance au mythe antique de la source jaillissant au pied de l'Arbre de vie et qui pouvait laver tous les péchés. L'image des quatre fleuves issus de cette source, coulant à travers le Paradis, est un symbole chrétien du salut. Pour les peuples du désert, le **puits (863)** est un très ancien emblème de salut. On le retrouve dans l'épisode biblique où Dieu indique un puits à Agar et à son fils Ismaël, mourant de soif après qu'Abraham les eut renvoyés dans le désert. Le lien entre l'eau et le salut est une signification du baptême chrétien, qui est également un rite de purification.

PORTRAITS DE L'ÂME

864 PERSONNIFICATION DE L'ÂME

Les représentations classiques de l'âme la montrent sous l'aspect d'une petite forme voletante qui rejoint le corps à la naissance et le quitte à la mort. Dans la mythologie grecque, **Psyché (865)**, dont le nom signifie littéralement « âme », est la plus célèbre représentation allégorique de cette conception selon laquelle les humains possèdent un tel esprit. L'écrivain romain Apulée raconte que la belle Psyché gagna l'immortalité en se consumant complètement dans l'amour brûlant qu'elle éprouvait pour le dieu Éros. L'âme et l'amour ont d'ailleurs toujours été associés par la suite.

866 PAPILLON

Les artistes montrent souvent Psyché avec des ailes de papillon. De nombreuses cultures semblent avoir établi un parallèle entre ce lépidoptère, qui émerge dans toute sa splendeur de la chrysalide sombre, et l'âme qui abandonne le corps après la mort. Des images de papillons associés à des âmes ont été découvertes dans des régions aussi éloignées que l'Afrique, l'Asie centrale, le Mexique et la Nouvelle-Zélande. Ils expriment le même symbolisme sur les tombes chrétiennes et dans les peintures qui représentent le Christ enfant tenant un papillon dans sa main.

Voir aussi

866 Papillon p. 347

868 Aigle p. 107

867 OISEAUX

L'association entre les oiseaux et la partie spirituelle de la nature humaine, qui se retrouve partout dans le monde, en a fait le plus répandu des symboles de l'âme. La hiérarchie établie entre les oiseaux a inspiré aux Romains la coutume de lâcher un **aigle (868)** depuis le sommet du bûcher funéraire d'un empereur pour symboliser son passage dans l'au-delà.

Comme d'autres cultures, les Égyptiens croyaient qu'une personne possédait plusieurs âmes. La partie spirituelle qui quittait le corps à la mort était le **Ba (869)**, décrit comme un faucon à tête humaine. Le **Ka (870)**, c'est-à-dire l'énergie vitale du défunt, demeurait à côté du cadavre symbolisé par une statue funéraire à laquelle on apportait des offrandes alimentaires.

871 L'ÉTINCELLE MYSTIQUE

Certaines traditions mystiques qui voient l'univers en termes opposés de lumière et de ténèbres, considèrent que l'être humain détient en lui une étincelle de l'énergie divine, qui est elle-même lumière. À sa mort, cette énergie spirituelle se libère du corps matériel qui l'a brièvement hébergée et retourne à la divinité.

Ce concept selon lequel des humains se partagent une âme universelle se retrouve dans les pensées orphique, gnostique et cabalistique. La kabbale le représente par un cercle inscrit dans un carré.

Ces notions présentent des similitudes avec les traditions philosophiques et religieuses indiennes de l'**âme cosmique (872)**, pour lesquelles les parties imparfaites de l'âme se réincarnent dans le monde matériel.

873 LÉZARD

La capacité du lézard à perdre sans dommages sa peau et parfois sa queue, l'a associé dans certaines cultures à la renaissance et à l'âme. Cela expliquerait qu'il figure sur les encensoirs et les chandeliers des églises. Une superstition voulait que les âmes, puissent sortir de la bouche d'une personne endormie sous la forme d'un lézard et y revenir avant le lever du jour. Cela rappelle de vieilles croyances arabes selon lesquelles l'âme quitte le corps durant le sommeil.

Voir aussi

873 Salamandre
p. 361

IMMORTALITÉ ET ÉTERNITÉ

874 ARCHITECTURE FUNÉRAIRE

L'immortalité, au sens de la continuation de la vie dans une autre dimension spirituelle, est symboliquement signifiée par les nombreuses tombes de type mégalithique ou des monuments tels que les milliers d'imposantes chambres funéraires à toit plat, appelées **dolmens (875),** et les **menhirs (876)**, ces pierres verticales édifiées dans tout le nord-ouest de l'Europe à la période néolithique et aux débuts de l'âge de bronze. Des images et des objets évoquent le culte de figures maternelles, de héros et d'ancêtres dont ces monuments abritent les esprits, ce qui permet d'invoquer leur aide et leur protection.

La **pyramide (877)** égyptienne, le plus imposant emblème d'immortalité, était officiellement conçue pour symboliser l'union entre le pharaon qui y était enterré et le Soleil immortel. Le premier architecte, Imhotep, était un grand prêtre de Râ, le dieu solaire. Sa pyramide, dédiée au pharaon Djoser à Saqqarah, est composée de gradins à la manière des ziggourats. Les constructions plus tardives montrent des faces lisses recouvertes de calcaire blanc pour mieux refléter la lumière du Soleil et renforcer à la fois leur structure et leur symbolisme de « monument reflétant l'éternité ».

878 **LUNE**

La disparition de la Lune, puis sa réapparition en font un symbole d'immortalité dans de nombreuses cultures et le relient aux mythes de la mort et la renaissance des dieux comme des humains. On retrouve parfois le croissant de lune, avec ce symbolisme, dans l'art funéraire : il apparaît par exemple sur les tombes islamiques aux côtés de l'Arbre de vie. Une légende chinoise raconte que le **lièvre lunaire (879)** prépare un élixir d'immortalité sous un laurier planté sur la Lune.

880-882 **FRUITS**

L'obtention de l'immortalité en mangeant un fruit ou une herbe magique est un thème très répandu dans les légendes et les mythologies. Cette immortalité y est toujours rare et difficile à obtenir. L'un des douze travaux d'Hercule, dans la mythologie gréco-romaine, l'obligeait à rapporter des **pommes d'or (881)** du jardin des Hespérides, filles d'Atlas et de la Nuit. Ces fruits poussaient sur un arbre gardé par l'effrayant serpent Python.

Une des versions du mythe raconte comment Hercule persuada le Titan Atlas d'aller les cueillir pendant qu'il le remplacerait en portant le monde sur ses épaules. Ce jardin représente la mort, et les pommes d'or l'immortalité. Dans un symbolisme presque inversé, Adam et Ève sont chassés du Paradis, ce jardin de l'immortalité, pour avoir mangé une pomme provenant d'un arbre autour duquel s'enroulait le serpent tentateur.

Dans la mythologie chinoise, le fruit de l'immortalité est la **pêche (882)**, qui pour cette raison est un motif très souvent peint sur les porcelaines. On dit que la Reine du ciel possédait un pêcher, arbre d'immortalité, qui ne fleurissait que tous les trois mille ans et dont les fruits sacrés ne mûrissaient que trois mille ans plus tard.

883-891 PLANTES ET ARBRES

L'épopée babylonienne de Gilgamesh raconte comment ce héros rencontra un immortel sur la rive droite des Eaux de la mort. Ce dernier lui apprit l'existence d'une **herbe (883)** magique, à l'autre bout de la mer. Gilgamesh la découvre et l'emporte mais un **serpent (884)** la lui vole et l'utilise pour se rajeunir en muant.

Le **laurier (885)**, était autrefois largement crédité de pouvoirs magiques. Son lien avec l'immortalité explique pourquoi la couronne de laurier est devenue le symbole des vainqueurs, ceux dont les noms méritent de vivre à jamais. En Chine, le laurier fait concurrence au pêcher dans le rôle de l'Arbre de l'immortalité. On y disait également qu'un **champignon (886)** hallucinogène constituait la nourriture des immortels.

L'**amarante (887)**, une plante robuste aux fleurs abondantes, était un motif ornemental très répandu sur les tombes grecques comme

Voir aussi

878 Lune pp. 44 & 123

879 Lièvre p. 49

882 Pêche p. 168

884 Serpent pp. 30 & 155

885 Laurier p. 85

emblème d'immortalité. Dans les célébrations chinoises de la Lune, elle était symboliquement offerte au lièvre lunaire avec la même implication.

En Chine, l'immortalité est également évoquée par le **gingko (888)**, parce qu'on croyait que cette espèce s'était perpétuée depuis toujours sans avoir évolué. Pour cette raison, il était planté autour des temples. Les conifères sont aussi associés depuis longtemps à l'immortalité. Par conséquent, le **pin (889)** était planté près des tombes chinoises comme le **cyprès (890)** en Occident. Dans la tradition judéo-chrétienne, l'**acacia (891)** avait un symbole analogue. On dit que cet arbre servit à la construction de l'Arche d'alliance.

892-893 SOMA ET HYDROMEL

On appelle **soma (892)**, une boisson narcotique, probablement produite à partir du champignon *Amaniti muscaria*, et qui a tenu un rôle central dans les anciens rites hindous et védiques de sacrifice et de purification.

Personnifié par un dieu du même nom, c'était le breuvage de l'immortalité. L'un des objectifs du Hatha yoga est de faire monter l'énergie le long de la colonne vertébrale de telle façon que le corps de l'adepte de cette discipline se vide du poison de l'illusion pour se remplir ensuite d'un soma spirituel qu'il puise au plus haut niveau de sa conscience. Seule une fusion complète avec l'esprit universel peut conduire à l'immortalité.

Voir aussi

894 Paon
pp. 103, 140 & 193

Dans la tradition celte, l'**hydromel (893)** était la boisson favorite des dieux, censée procurer l'immortalité. Il était fabriqué à partir de miel fermenté, d'eau et d'épices, similaire de l'ambroisie que buvaient les dieux de l'Olympe.

894 PAON

L'étrangeté de cet oiseau mal connu dans le monde antique inspirait un respect mêlé de crainte. Selon une légende, sa chair était incorruptible. C'est peut-être ce qui explique la place éminente qui lui était faite au cours des cérémonies impériales romaines et son statut d'emblème d'immortalité.

895 CIGALE

En Chine, des cigales de jade, emblèmes d'immortalité, étaient parfois enterrées avec les morts. Le même symbolisme apparaît dans le mythe grec de Tithon, un mortel aimé par Eôs (Aurore), la déesse de l'Aube qui lui donnait de l'ambroisie pour l'empêcher de mourir. Après de nombreuses années, comprenant qu'elle ne pouvait pas l'empêcher de vieillir, elle finit par avoir pitié de sa décrépitude et le transforma en une cigale immortelle. Ce symbolisme semble provenir de la longévité de cet insecte, en dépit de son aspect desséché.

RENAISSANCE ET RÉSURRECTION

896 PHÉNIX

Cette créature fabuleuse est le plus célèbre symbole de la renaissance. Les écrivains grecs et romains racontaient que le phénix était un oiseau mâle solitaire, qui vivait cinq cents ans puis s'immolait lui-même sur un nid parfumé enflammé par la chaleur du Soleil. De ses cendres émergeait un phénix nouveau-né. Celui-ci apportait alors son nid à Héliopolis, le plus important lieu de culte du Soleil en Égypte, afin de le consacrer à Râ, le dieu solaire.

À l'origine, le phénix peut avoir été un emblème poétique du Soleil levant, dérivé du **héron (897)**, un symbole solaire de l'élévation très ancien en Égypte. Au fur et à mesure que cette légende prit de l'ampleur, le christianisme y vit une analogie avec la résurrection du Christ, trois jours après sa crucifixion. Le phénix apparaît parfois doté de cette signification sur les tombes ou aux côtés de la croix dans les peintures médiévales représentant la crucifixion. Il est évident que les artistes hésitaient sur l'apparence à lui donner : cet oiseau, entouré d'un cercle de feu, est plus souvent représenté sous la forme d'un aigle que celle d'un héron.

Le **feu (898)** lui-même se rattache au symbolisme de régénération, comme on peut le constater dans les rituels chrétiens de Pâques, où les chandelles sont tout d'abord éteintes, puis rallumées par un « feu nouveau ». Dans l'art funéraire chrétien, l'urne dont s'échappe une flamme est un symbole de résurrection.

Voir aussi

896 Phénix p. 278

898 Feu p. 217

899 DIEUX DE RÉSURRECTION

La renaissance après leur mort des dieux de la végétation est un thème symbolique important dans de nombreuses mythologies du monde antique. Il est évidemment lié au cycle de la végétation.

Osiris en Égypte et Dionysos en Grèce sont des exemples célèbres de dieux dont la légende raconte qu'ils ont été mis en pièces avant de renaître. Cette tradition mythologique alimente les religions du mystère célébrées dans l'Empire romain et qui concurrencèrent le christianisme en proposant des rituels qui évoquaient la purification, l'intervention salvatrice d'un dieu rédempteur et la réincarnation. La religion chrétienne, née dans ce contexte historico-religieux, s'ordonne autour de l'idée de la résurrection de Jésus, qui après sa mort connaît une vie nouvelle qui est la vie divine.

Un des symboles primitifs du processus de la désintégration et de la renaissance était le **démembrement (900)**, forme de sacrifice pratiquée par les premiers fidèles de Dionysos en Asie Mineure. Il consistait à arracher les membres des animaux ou des humains et d'en manger la chair crue, pour revivre un mythe phrygien dans lequel le dieu était démembré par les Titans.

Voir aussi

901 Arbre de mai p. 46

901 ARBRE DE MAI

L'arbre de mai trouve probablement son origine dans les rites grec et romain concernant la renaissance d'Attis, un autre dieu « mourant ». Dans le mythe phrygien, ce jeune berger fut frappé de folie par Cybèle, la Grande Mère, furieuse de voir qu'il repoussait ses avances. Elle le contraignit à s'émasculer et il mourut des suites de ses blessures. Néanmoins ses cheveux continuèrent à pousser et son petit doigt à bouger. Chaque printemps, pour invoquer son retour à la vie, les fidèles du culte de Cybèle attachaient des bandes de laine à un pin ébranché avant de danser autour de l'arbre. La coutume qui consiste à danser autour d'un mât se retrouvait dans les fêtes romaines d'Hilara et se répandit plus tard dans le monde celte.

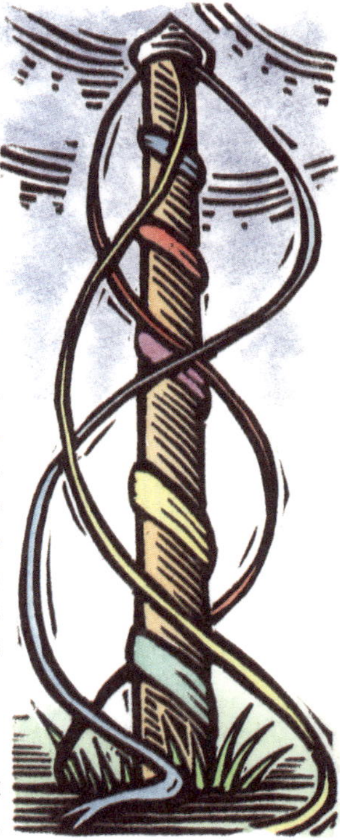

902 OUROBOROS

La mort et la renaissance participent au symbolisme de l'ouroboros,

Voir aussi

904 Roue, p. 88

906 Lune, pp. 44 & 123

909 Cendres p. 189

908 Œuf p. 64

l'image circulaire du serpent qui se mord la queue. Dans le culte grec d'Orphée, l'espace vide délimité par le corps du serpent représente l'œuf de la réincarnation. Dans la religion égyptienne, cet emblème était censé représenter la course du Soleil, pénétrant dans le monde souterrain durant la nuit et réapparaissant chaque matin. Dans la pensée gnostique, il évoque le cycle infini de la nature, en régénération permanente. Cette image suggère l'éternité, l'autonomie et le renouvellement.

Dans la plupart des cultures, le **serpent (903)** lui-même était associé à la réincarnation et au rajeunissement sans doute en raison de son aptitude à muer.

904-905 ROUE ET DISQUE

Dans l'art hindou et bouddhiste, la **roue (904)** symbolise entre autres les cycles de la vie : naissance, mort et renaissance. Le **disque (905)**, qui est une roue pleine (avant l'invention des rayons) représentait en Égypte la renaissance à une vie nouvelle par analogie avec la course circulaire du Soleil, qui renaît tous les jours.

906 LUNE

L'aspect toujours changeant de la Lune, et en particulier sa disparition totale durant les trois jours de la Nouvelle Lune, en fait le symbole naturel le plus marquant des cycles, qu'ils soient cosmique ou terrestre : naissance, croissance, déclin, mort puis renaissance. Selon certaines traditions, elle permettait l'accès à la vie future ou servait de demeure provisoire pour les morts illustres, qui étaient destinés à renaître et à retourner sur Terre.

907-908 OS ET CENDRES

Les **os (907)** symbolisent aussi bien la résurrection que la mort dans de nombreuses cultures antiques, qui accordaient souvent une grande importance à la façon dont ceux-ci étaient mis à l'abri dans les chambres funéraires. Les os étaient considérés comme des éléments tangibles susceptibles d'être réutilisés dans une vie future, pour les hommes comme pour les animaux, qui étaient souvent enterrés avec le défunt, pour offrir à ce dernier le plaisir de les chasser quand il renaîtrait. Les **cendres (908)** étaient également un symbole de renaissance, en particulier selon les traditions indiennes d'Amérique du Nord.

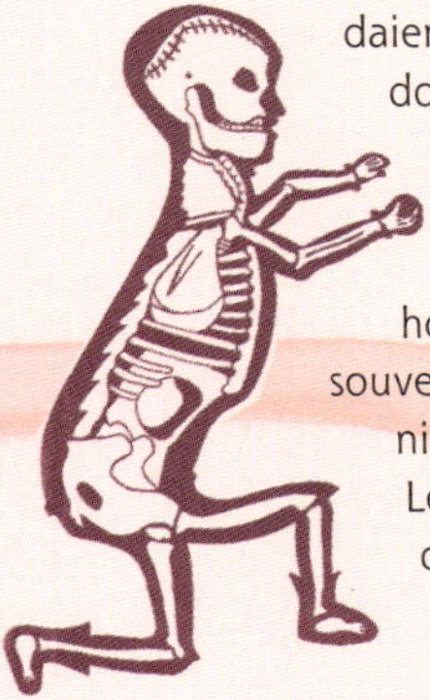

909 ŒUF

Dans le monde entier, l'œuf est un symbole étroitement lié à la création mais aussi à la re-création. Dans les cérémonies de Pâques, il évoque la résurrection du Christ mais tient aussi une place centrale dans la tradition populaire, puisqu'on offre à cette occasion des œufs en chocolat.

Dans le culte grec de l'orphisme, qui se distingue par sa croyance à l'immortalité de l'âme, l'œuf symbolise l'espoir de la réincarnation. Il existe des images représentant le dieu de la Renaissance, Dionysos (le « deux fois né »), tenant un œuf dans sa main.

910 BALEINE

L'histoire de Jonas et de la baleine devint à l'époque médiévale une célèbre allégorie de la résurrection du Christ, représentée par la scène où Jonas est recraché par le « gros poisson ». Elle figure non seulement sur des tableaux et des vitraux, mais aussi dans l'art funéraire du début du christianisme. D'après Matthieu, Jésus dit à ses disciples qu'il resterait en terre durant trois jours et trois nuits. Or, Jonas resta dans le ventre du poisson pendant le même laps de temps. La baleine devint alors un symbole de mort, mais aussi de libération de la mort. Cette période de trois jours et trois nuits peut être associée très clairement à la disparition de la Lune pendant la Nouvelle Lune, avant qu'elle ne réapparaisse.

Voir aussi

912 Huit p. 73

911 OCTOGONE

Les fonts baptismaux octogonaux chrétiens symbolisent la renaissance à une vie éternelle. L'octogone était perçu comme une forme intermédiaire entre le carré (symbolisant le monde matériel) et le cercle (symbolisant le monde céleste). Il évoquait par conséquent un rite spirituel de passage. Dans la science ésotérique des nombres, le **huit (912)** qui suit le sept, un nombre dit « parfait », est un symbole de renouveau et démarre un nouveau cycle.

913 EST

Les églises, les mosquées, et souvent les tombes, sont orientées vers l'est. En effet, cette direction est traditionnellement associée à la lumière du Soleil et à la divinité, et aussi également à une vie nouvelle et par conséquent à l'espérance de la résurrection, dans la pensée chrétienne en particulier. Les musulmans se tournent vers La Mecque située à l'est pour affirmer qu'ils s'abreuvent spirituellement à la source divine.

914 **SCARABÉE**

Emblème du renouveau cyclique dans l'Antiquité, le scarabée, et en particulier le bousier, fut adopté par les premiers chrétiens comme un symbole de la résurrection. Des siècles durant, il fut l'amulette la plus courante en Égypte, en raison de son association avec Khepri, le dieu du Soleil levant. En effet, une analogie avait été faite entre son habitude de rouler son œuf dans une boule de bouse, et la progression du Soleil dans le ciel. De plus, comme on croyait à tort qu'il pouvait s'engendrer lui-même, le scarabée était un emblème de la renaissance perpétuelle.

915 **ABEILLE**

L'abeille est un symbole de réincarnation en Inde ; elle était parfois à ce titre gravée sur les tombes. Ce symbolisme semble se fonder sur son habitude de rester à l'intérieur de la ruche en hiver, interprétée comme sa mort avant qu'elle ne réapparaisse, au printemps.

916 **LOTUS**

Le lotus évoque symboliquement la renaissance et la création dans bien des cultures antiques, depuis le Proche-Orient jusqu'au Mexique. Il est parfois représenté, avec une signification identique, dans l'art funéraire gréco-romain.

917 NARCISSE

Selon le mythe grec, c'est alors que Perséphone cueillait innocemment des narcisses qu'elle fut enlevée par le dieu des Enfers. Comme elle fut autorisée à revenir sur terre chaque printemps, cette plante fut utilisée dans les rites consacrés à sa mère, Déméter, la déesse des Moissons. Des narcisses étaient plantés sur les tombes, comme emblème de renaissance, afin de rappeler l'idée selon laquelle la mort n'est qu'un sommeil.

918 CÉRÉALES

Dans toutes les régions où les récoltes de blé, d'orge ou de maïs étaient des ressources vitales, les céréales étaient un emblème funéraire de la régénération et de la renaissance. Un épi de blé consacré, attribut de Déméter, jouait un rôle clef dans les célébrations des Grands Mystères à Éleusis, près d'Athènes. Il évoquait le miracle de la renaissance printanière des grains laissés après la moisson. Le blé demeure un important symbole de résurrection, ce qu'indique un passage de l'Évangile selon saint Jean : « Si le grain de blé tombé en terre ne meurt pas, il demeure seul ; mais s'il meurt, il porte de nombreux fruits. »

Voir aussi

915 Abeilles p. 106

916 Lotus p. 132

918 Céréales p. 51

ILLUMINATION ET MÉTAMORPHOSE

919 FLEUR

Une des légendes fondatrices du bouddhisme raconte que Gautama Bouddha, alors que ses disciples lui demandaient de décrire l'illumination, leur montra une fleur et la fit tourner entre ses doigts en souriant. Cette non-réponse transcendante du « sermon de la fleur » symbolise le stade au-delà de la définition verbale.

Le **lotus (920)**, qui est un emblème de l'épanouissement de la sagesse spirituelle, est une fleur tout particulièrement associée à l'illumination. Elle est le symbole de la nature propre du Bouddha, qui est en chacun de nous. Gautama Bouddha est souvent représenté trônant sur une fleur épanouie qui évoque le *nirvana*, ou la libération finale de la roue des réincarnations. Le lotus déployé est également un symbole de l'ultime lumière, pour le taoïsme, et de l'ultime pureté, pour l'hindouisme.

921 CIRCUMAMBULATION

Dans le bouddhisme, la progression vers l'illumination, ou éveil, est symbolisée par la déambulation autour d'un temple. Il s'agit là d'un rituel destiné à mettre le fidèle en harmonie avec les rythmes cosmiques. Dans l'hindouisme comme dans le bouddhisme, la direction suivie est traditionnellement celle des aiguilles d'une montre, en suivant la course que semble parcourir le Soleil autour de la Terre. À La Mecque, les musulmans se rapprochent symboliquement du Septième Ciel en tournant autour de la Ka'aba dans le sens inverse, c'est-à-dire celui de la marche apparente des étoiles.

Voir aussi

920 Lotus p. 132 & 338

922 MÉTAMORPHOSE

Le concept de la transformation spirituelle, comme celui de la libération des plans matériels de l'existence, est souvent symbolisé par un changement d'aspect. Cette métamorphose est le signe de pouvoirs surnaturels dans d'innombrables mythes et légendes où les divinités se transforment à volonté en animaux. Les peaux de bêtes, les masques d'oiseaux et d'autres parures que revêtaient les chamans et les magiciens représentaient leurs facultés de changer de forme, de transcender la nature et d'atteindre le royaume de l'esprit.

923 ALCHIMIE

Selon l'ancienne « science » alchimique, l'humanité était capable de découvrir l'art de transformer une matière première impure en une perfection spirituelle matérialisée par l'or, grâce à la chimie. La théorie était la suivante : si les constituants d'une matière peuvent changer de forme, il est possible de les réduire par la chaleur en une essence originelle (*materia prima*) puis d'utiliser le pouvoir unificateur et transformateur du **feu (924)** pour créer, étape par étape, un catalyseur mystérieux appelé **pierre philosophale (925)**. Celle-ci aurait le pouvoir de transformer en or des métaux vulgaires et, sur un plan spirituel, de permettre à l'humain dans toute son imperfection d'accéder à l'éveil.

Un des métaux le plus souvent associés à la transformation était le **mercure (926)**, ou « vif-argent », en raison de sa capacité à s'amalgamer facilement avec d'autres métaux. En Chine, le mercure était associé au dragon et aux humeurs que sont le sang, le sperme et l'eau. En Inde, il est la métaphore du flux d'énergie spirituelle que le yoga permet de canaliser.

927 EAU

L'eau, comme le feu, est un symbole de la transformation très ancien. C'est également la signification emblématique du

déluge (928), qui apparaît dans la mythologie mésopotamienne bien avant le récit biblique de Noé et de son arche. Les crimes humains, les injustices et les folies se dissolvent dans l'abysse originel dont est issue toute vie, ce qui permet un nouveau départ et l'émergence d'une civilisation où règne la droiture morale.

929 CAVERNES

Dans les mythologies et les légendes, les cavernes sont des lieux magiques où les personnages se perdent et en ressortent

Voir aussi

927 Eau p. 218 ; Mer p. 262

Voir aussi
934 Dauphin
pp. 300 & 318

transformés. Cela s'explique peut-être par leur utilisation dans les rites d'initiation du monde antique. Les cavernes étaient alors le symbole d'une descente au tombeau suivie d'une « renaissance » en ayant acquis sagesse ou maturité. Les crevasses des rochers ou des cavernes étaient souvent le siège des oracles. En Grèce, la caverne de Lébadea était réputée pour attirer sous terre puis restituer, transformées par la révélation, les personnes qui mettaient leurs pieds dans l'une de ses fissures.

930 INITIATION

L'initiation est un rite de passage qui évoque le passage d'un statut à un autre. D'origine fort ancienne, elle est en usage dans la plupart des sociétés. Bien que les rites varient radicalement, ils ont toujours pour base l'idée d'une « mort » symbolique suivie d'une renaissance. Les rites les plus primitifs allaient jusqu'à faire recouvrir de terre les futurs initiés. D'autres évoquent le passage de l'initié dans le corps d'une créature particulièrement associée à la transformation comme le **serpent (931)**.

La **circoncision (932)** est un rituel antique d'initiation et de transformation dans de nombreuses cultures même quand, comme chez les juifs, elle est pratiquée sur des enfants, en partie pour des raisons hygiéniques mais également pour affirmer leur statut privilégié de « peuple élu » de Dieu.

Au Libéria, où la circoncision faisait partie des rites initiatiques de la puberté, on disait que les cicatrices sur le pénis des initiés étaient les marques d'un **crocodile (933)** qui les avait avalés enfants et les restituait à l'état d'adultes.

934 DAUPHIN

L'affinité entre les humains et les dauphins a fait de ces créatures des symboles de la transformation dans les légendes gréco-romaines. Il était particulièrement associé à Dionysos (Bacchus) qui se changeait en dauphin pour conduire les fidèles à son temple à Delphes. Le dauphin pourrait être, au lieu d'une baleine, le « gros poisson » qui avala le prophète Jonas dans le mythe biblique de sa transformation.

935 VIN

Dans les rituels religieux antiques, le vin était souvent un symbole essentiel de la métamorphose spirituelle. En effet, le processus de transformation du jus de raisin en vin semblait mystérieux, presque magique, comme la transformation de ceux qui en boivent. Les rites orgiaques, où l'on atteint l'ivresse par le vin, associés à l'adoration de Dionysos (Bacchus), permettaient de passer symboliquement de l'état d'humain à l'état divin où l'énergie est inépuisable.

Dans un passage important du Nouveau Testament, Jésus accomplit son premier miracle en changeant l'eau en vin durant les noces de Cana. Au moment de son dernier repas, la Cène, le Christ prend une coupe et dit : « Buvez-en tous car ceci est mon sang, le sang de l'alliance... ». Tel est le point de départ de la nouvelle alliance entre Dieu et les êtres humains, qui appelle à une transformation spirituelle.

Voir aussi

938 Papillon
p. 322

936 PONT

Le pont apparaît souvent comme un symbole de transition et de transformation, marquant une rupture décisive entre un état et un autre. Dans la mythologie indo-iranienne, Chinvat Parvatu, « le Pont qui sépare » ou « le Diviseur », représente la difficulté d'aborder la métamorphose qui conduit de la mort à la vie future. Comme le pont de la largeur d'un cheveu qui conduit au Paradis dans l'Islam, Chinvat était si étroit que seules les âmes pures pouvaient le traverser sans basculer dans l'Enfer.

Le pape porte le titre de pontife, terme qui vient de l'expression latine *Pontifex maximus* (grand constructeur de ponts). Il désignait le plus important des prêtres païens de

Rome qui, lui aussi, était l'architecte symbolique du chemin conduisant du plan matériel au plan spirituel.

937-938 GRENOUILLE ET PAPILLON

Dans les folklores et les légendes, la **grenouille (937)** est un symbole très répandu de transformation. Cela est dû à son évolution spectaculaire du têtard à l'amphibien loquace, mais également à certaines caractéristiques anthropomorphiques. Ainsi le conte des frères Grimm met en scène une grenouille se transformant en prince charmant tandis que, dans d'autres histoires, des humains sont transformés en grenouilles.

Alors que la grenouille n'évoque qu'une évolution physique, le **papillon (938)**, est d'abord une chenille semblable à un ver puis devient une créature d'une beauté éthérée, ce qui en fait le plus poétique des symboles de la transformation, à la fois physique et spirituelle.

ASCENSION ET COMMUNICATION ENTRE CIEL ET TERRE

939 *AXIS MUNDI* (AXE DU MONDE)

Dans toutes les cosmologies antiques se retrouve la notion d'un champ de forces vertical, tige ou axe, autour duquel tourne l'univers. Cet *Axis mundi* est un canal pour le flux d'énergie divine qui s'écoule entre les trois sphères du monde souterrain, de la Terre et du Ciel. Les nombreux symboles de cet axe du monde, depuis les alignements caractéristiques rencontrés dans la nature jusqu'à la structure verticale de la colonne vertébrale humaine, sont pour les philosophies indiennes la preuve d'un chemin qui permet de canaliser l'énergie physique et sexuelle en une énergie spirituelle.

940 MONTAGNE

La silhouette surnaturelle des grandes montagnes surgissant de la brume en a fait les demeures mythiques des dieux et des immortels (comme l'Olympe grec), des lieux qui permettent les révélations (comme dans la Bible) et d'importants symboles d'élévation spirituelle (comme dans les mythologies indiennes, chinoises et japonaises). Dans la plupart des grandes traditions figure une montagne sacrée qui représente symboliquement l'axe de l'univers, même si elle n'existait qu'en rêve.

Dans la Bible, Dieu parle à Moïse et à Élie depuis une montagne ; Jésus fait son sermon le plus célèbre sur un mont. Selon les Actes des apôtres, c'est au Mont des Oliviers qu'eut lieu l'ascension du Christ vers le Ciel (le mont Thabor et le mont Hermon ont également été évoqués). Dans les mythologies hindoue et jaïne, le centre de l'univers est le mont Meru, une montagne d'or qui s'étend quelque part au-delà de l'Himalaya et se déploie en hauteur et en largeur comme un lotus.

941 ÉCHELLE

Dans la Genèse, Jacob voit en songe une échelle qui monte jusqu'au Ciel, et que les anges gravissent et descendent. Cette image fait écho à d'anciennes croyances, qui voulaient qu'un moyen de communication direct ait autrefois existé entre les dieux et les humains, mais qu'il ait été perdu par la faute de ces derniers. Les peintres anglais romantiques et préraphaélites ont repris ce symbolisme en représentant des escaliers célestes empruntés par des jeunes filles au visage rêveur.

Les échelles qui montent au Ciel apparaissent aussi dans le monde islamique, en Amérique du Nord et en Asie. Elles comptent souvent sept degrés, en relation avec le symbolisme des planètes.

942 TEMPLES À ÉTAGES

Les temples à étages antiques rappellent le symbolisme de l'élévation spirituelle de la montagne. La **ziggourat (943)** babylonienne s'élève en une suite de niveaux qui représentent les différentes phases de la progression spirituelle. On trouve à son sommet un sanctuaire dédié à un dieu particulier, que l'on invitait à y descendre.

Les architectes hindous construisirent des « montagnes des dieux » encore plus grandes, particulièrement en Asie du Sud Est. Le principe de l'ascension cosmique était symbolisé par un pavillon divin sur lequel régnait Shiva, comme à Angkor Vat. En Inde, les différents étages du **stupa (944)**, montrent les étapes successives qui conduisirent Bouddha à renoncer au monde matériel. Le mât central, qui traverse le temple de haut en bas, représente l'Arbre de la Bodhi, sous lequel il atteignit l'illumination. Cette hampe verticale est une caractéristique de la **pagode (945)** asiatique, au sommet de laquelle sont suspendus des disques qui figurent des ombrelles. Ces dernières pouvaient être des symboles de la royauté mais ici, elles évoquaient les sphères célestes.

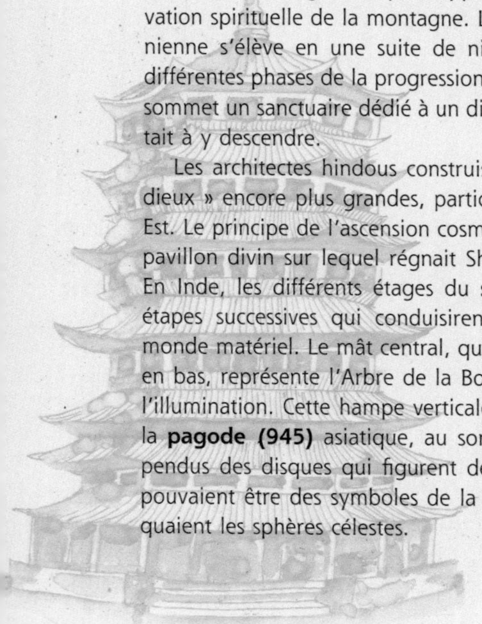

946 ÉTOILE POLAIRE

Dans de nombreuses civilisations, la luminosité et l'immobilité de la lumière de l'étoile polaire dans la constellation de la Petite Ourse lui ont permis de devenir l'axe symbolique autour duquel pivote le monde. Certaines cultures la révéraient comme une divinité, croyant parfois qu'elle était le sommet d'un mât surnaturel qui conduisait les âmes au Paradis, ou encore qu'elle servait de canal pour permettre à la puissance divine de descendre sur Terre. Pour les peuples du Grand Nord, l'étoile polaire était le nombril cosmique.

947 ARBRE DE VIE

Le mythique Arbre de vie ou Arbre du monde, qui prend ses racines dans le monde souterrain et se déploie haut dans le Ciel, apparaît dans bien des traditions comme un symbole de l'unité cosmique, de la régénération cyclique et de l'échange permanent et dynamique entre l'esprit, la Terre et le Ciel. Le **frêne (948)** géant Yggdrasil est doté de ces significations emblématiques dans la mythologie scandinave. Les croyances animistes qui voulaient que les arbres soient de vivants esprits magiques ont indiscutablement influencé ce concept d'axe du monde. Certaines images de l'Arbre de vie le montrent renversé, ses racines puisant la nourriture spirituelle céleste et la conduisant vers le bas. Qu'il s'agisse du noble **cèdre (949)**, comme à Sumer, ou d'un arbre fruitier comme le **figuier (950)** en Égypte, l'Arbre de vie

Voir aussi

947 Arbres p. 40

symbolise la croyance selon laquelle les êtres humains peuvent transcender leur condition naturelle et atteindre le divin. Dans certains mythes, des **oiseaux surnaturels (951)** nichés dans les arbres sont les intermédiaires entre le Ciel et la Terre. Des fontaines de sagesse, de jouvence ou des sources de nourriture spirituelle jaillissent parfois de la base de l'arbre.

952 MANDORLE

Dans les peintures médiévales, l'ascension de la Terre vers le Ciel des saints personnages, en particulier le Christ et la Vierge Marie, est souvent symbolisée par leur inscription dans un cadre en forme d'amande, appelé mandorle, à l'origine controversée. Certains chercheurs pensent qu'elle est une représentation évoluée d'un nimbe ovale. L'amande possède aussi de puissants liens symboliques avec la naissance et la pureté de la Vierge. Les deux arcs opposés évoquent peut-être aussi la dualité ou un portail entre la vie terrestre et la vie céleste.

953 ENCENS

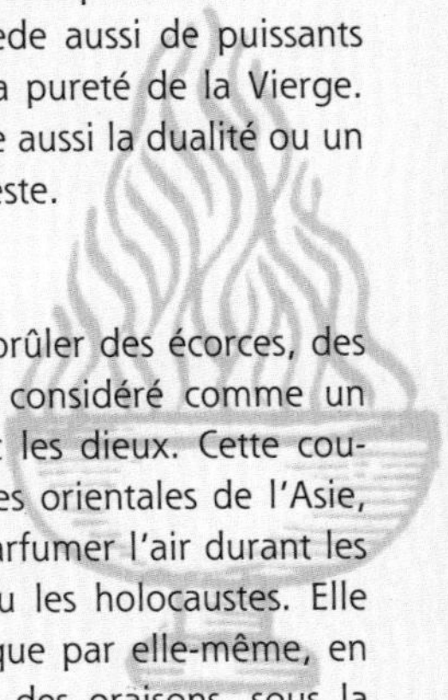

Depuis des milliers d'années, le fait de brûler des écorces, des résines ou des gommes parfumées est considéré comme un moyen d'entrer en communication avec les dieux. Cette coutume, connue de l'Égypte jusqu'aux rives orientales de l'Asie, trouve son origine dans l'habitude de parfumer l'air durant les funérailles, les cérémonies religieuses ou les holocaustes. Elle revêtit ensuite une importance symbolique par elle-même, en jouant le rôle d'intermédiaire au cours des oraisons, sous la forme visible d'une fumée parfumée qui s'élève dans les airs. L'encens et la myrrhe, deux des cadeaux traditionnellement apportés à Jésus par les Rois mages, n'étaient pas seulement des denrées de valeur dans le monde antique, mais également des symboles de vénération.

Voir aussi

953 Encens p. 220

954 CRÉMATION

Dans la tradition indo-iranienne, la crémation symbolise la délivrance finale de l'âme quittant le corps. Le feu et les flammes représentent la purification, et la fumée évoque l'ascension de l'âme.

955-958 ARC-EN-CIEL ET CRÉATURES CÉLESTES

L'**arc-en-ciel (955)** apparaît dans de nombreuses cultures comme une échelle ou un pont reliant le temporel et le spirituel. Cela explique pourquoi, dans l'art liturgique, le Christ est parfois montré assis sur un arc-en-ciel. Iris, la déesse grecque qui lui était associée, était la messagère des dieux. Les rubans utilisés par les chamans turcs portent le nom d'arc-en-ciel et représentent leur capacité à accéder aux royaumes des connaissances supérieures. Dans le bouddhisme tantrique, le « corps d'arc-en-ciel » décrit l'étape ultime que traverse l'adepte alors que son enveloppe corporelle commence à se dissoudre dans le pur esprit.

Dans les traditions africaine, indienne, asiatique et australienne, l'arc-en-ciel était associé au **serpent (956)** cosmique, symbole de l'axe vertical et des puissances ascensionnelles. On le retrouve dans de nombreuses cultures, comme un lien magico-religieux entre les mondes souterrain et terrestre. L'imagerie le représente parfois pourvu d'ailes ou de plumes, ce qui le dote d'un symbolisme céleste. L'exemple le plus notable est

Voir aussi

955 Arc-en-ciel, p. 67

celui du dieu aztèque Quetzalcoatl, **serpent à plumes (957)** dont les pouvoirs mystiques lui permettaient d'intervenir aux Enfers, sur la Terre et au Ciel et qui s'était finalement transformé en la planète Vénus. En Asie, les **serres d'aigles (958)** du dragon indiquaient son origine céleste.

959 *OMPHALOS*

La pierre sacrée du célèbre oracle d'Apollon à Delphes, appelée *Omphalos* (nombril), constituait l'une des représentations grecques de l'axe, ou du centre du monde. Une colonne courte dont la partie supérieure ovoïde était couverte d'un filet tressé représentait le cordon ombilical qui relie la vie à la mort et au divin, ces deux sources potentielles de sagesse occulte. Un autre *omphalos* se trouve en Crète ; selon la légende, il marque l'endroit où le cordon ombilical de Zeus était tombé.

On trouve des pierres analogues, représentant le centre du monde, dans d'autres cultures, particulièrement dans le judaïsme et l'islam, pour qui le roc sur lequel est construit le Temple de Jérusalem possède une signification sacrée : il est une sorte de nombril spirituel.

960 CORDE

En Inde, le tour de magie de la corde suspendue en l'air sans aucun support, pratiqué par les fakirs, symbolise l'ascension vers l'illumination. Elle est un emblème de la croyance hindoue qui veut que la discipline spirituelle permette de faire se dresser un serpent assoupi, la *kundalini*, lové à la base de la colonne vertébrale. Ainsi, un flux irrésistible de force vitale peut s'élever sous une forme purifiée jusqu'au centre le plus élevé de la conscience. Dans l'antique mythe védique, le serpent cosmique s'enroule comme une corde autour de la montagne des mondes afin de la faire tournoyer pour baratter la mer de lait et faire naître le breuvage de vie. La corde et le serpent sont ainsi étroitement reliés.

961-962 TOURBILLON ET CHARIOT

Le **tourbillon (961)** hélicoïdal, c'est-à-dire la force ascensionnelle sous sa forme la plus destructrice, était couramment perçu comme une manifestation de l'esprit divin et l'expression dynamique de l'énergie unifiée, pénétrant l'ensemble du cosmos. Un passage de l'Ancien Testament évoque la puissance divine : le prophète Élie discutait avec un ami et soudain, « comme ils marchaient en conversant voici qu'un char de feu et des chevaux de feu se mirent entre eux deux et Élie monta au ciel dans le tourbillon ».

Au IIe siècle apparaît la mystique juive de la Merkaba dont les adeptes aspiraient à contempler le trône de Dieu par le truchement d'états spirituels permettant à l'esprit de s'élever en tourbillonnant à travers les airs. Dans cette élévation, le **chariot (962)** joue un rôle d'ascension spirituelle.

Voir aussi

962 Char
p. 100

PURIFICATION, EXPIATION ET SACRIFICE

963 BAPTÊME

La purification symbolique a toujours été un élément capital des rituels d'initiation de la plupart des cultures. L'association de l'**eau (964)** avec la dissolution et la régénération, ou la renaissance, en a fait le médium le plus couramment utilisé dans les pays du Moyen-Orient, où sa relative rareté lui accorde d'autant plus de valeur. Les **ablutions (965)** rituelles de purification de l'islam font partie des actes de foi quotidiens.

Le baptême chrétien devint courant à cause des paroles de Jésus dans l'Évangile selon saint Jean : « À moins qu'il ne soit né de l'eau et de l'Esprit Saint, il ne peut pas pénétrer dans le royaume de Dieu ». Ainsi le présent de la grâce divine (le Saint Esprit) s'ajoute au symbolisme purificateur du rite chrétien, qui efface les péchés et représente la renaissance depuis les eaux originelles de la vie. Bien que saint Jean-Baptiste ait prêché le repentir, cet aspect de la symbolique baptismale est moins important que ceux de la purification et de la régénération.

966 FEU

Le feu est le symbole ultime et dangereux de la purification comme le montrent non seulement les bûchers où étaient brûlés les hérétiques, les sorcières et tous ceux qui étaient accusés d'être des suppôts de Satan durant l'ère chrétienne, mais aussi certains cultes de l'Antiquité qui pratiquaient des sacrifices humains. En dehors de ses aspects symboliques, cet élément est un puissant agent de purification. Par exemple, lors du grand incendie de Londres (1666), il eut une part importante dans l'éradication d'une épidémie de peste dévastatrice. La signification symbolique du feu comme élément de purification spirituelle existe encore avec la notion de **purgatoire (967)** pour les Églises orthodoxe et catholique. C'est un lieu où les âmes chargées de péchés véniels se purifient par le feu avant d'être jugées aptes à entrer au Paradis.

Voir aussi

966 Feu pp. 217 & 308

968 Jeûne p. 296

Les artistes représentent parfois sainte Thérèse intercédant auprès du Christ afin de délivrer ces âmes perdues des flammes qui les entourent.

968 JEÛNE

Les diverses formes de jeûne ont, pour la plupart, un but de purification, particulièrement dans le jaïnisme, l'hindouisme et le taoïsme, où cette pratique est liée au dépouillement progressif des attachements terrestres. Pour trois des fêtes religieuses les plus célébrées, le jeûne représente plus ordinairement l'expiation par la négation de soi : ce sont le Ramadan pour l'islam, le Carême pour le christianisme et Yom Kippour pour le judaïsme.

De nombreuses restrictions alimentaires moins sévères symbolisent la purification, notamment le **pain azyme (969)**, sans levain, qui est traditionnellement consommé à l'occasion de la Pâque juive.

970 FLAGELLATION

La flagellation n'était qu'une des nombreuses punitions que s'infligeaient autrefois les fidèles en symbole d'expiation ou de purification. Cette pratique prit une telle ampleur parmi les sectes chrétiennes à la fin du Moyen Âge que l'Église la déclara hérétique et l'interdit.

971 MÉTALLURGIE

D'anciennes croyances, qui voulaient que les métaux que recèle la Terre soient d'origine cosmique, ont conduit à considérer la métallurgie comme le symbole d'épreuves spirituelles et de purification. Un parallèle fut établi entre les métaux et les humains, tous deux étant des éléments terrestres au potentiel céleste. Cette idée est sous-jacente dans le symbolisme de l'alchimie, qui cherchait à transformer en or des matériaux vils. L'or est au sommet d'une hiérarchie cosmique dans laquelle sept métaux sont associés à sept planètes : l'or au Soleil, l'argent à la Lune, le mercure à Mercure, le cuivre à Vénus, le fer à Mars, l'étain à Jupiter et le plomb à Saturne.

972 SALAMANDRE

L'art médiéval figurait la salamandre fabuleuse, dont on disait qu'elle pouvait éteindre le feu, sous l'aspect d'un lézard entouré de flammes. Elle apparaît dans les légendes les plus anciennes, et devint un symbole alchimique très important en représentant deux agents purificateurs : le feu et le soufre. L'Église chrétienne reprit ce symbolisme et utilisa la salamandre comme emblème de la pureté, capable de résister au feu de la sensualité. L'origine de cette légende provient peut-être des taches rouge et jaune de la salamandre du feu, un petit amphibien qui vit dans des habitats humides.

Voir aussi

972 Lézard p. 324

973 TAMIS

Les grands tamis utilisés dans le monde antique pour séparer le grain de la paille sont devenus des symboles bibliques du processus de purification par lequel seuls les justes sont autorisés à aller au Paradis. Cela explique pourquoi, dans certaines peintures chrétiennes, les représentations allégoriques comme la Chasteté ou la Prudence tiennent un tamis.

974 SACRIFICE

L'offrande religieuse symbolise l'expiation et le sacrifice. Elle consiste à offrir à une divinité un cadeau de valeur qui a d'abord été soumis à des rites de purification ou de sanctification. Dans l'Antiquité, ces offrandes allaient des simples dons de nourriture ou des oblations de vin aux sacrifices rituels d'**animaux (975)** ou d'**humains (976)** dans les cas les plus extrêmes. La Bible raconte l'histoire d'Abraham, prêt à sacrifier son propre **fils (977)** Isaac pour obéir aux ordres de Dieu. Celui-ci, devant une telle obéissance, arrêta le geste d'Abraham et interdit désormais tout sacrifice humain. Les derniers livres de l'Ancien Testament contiennent de nombreuses critiques à l'égard des sacrifices d'enfants perpétrés par les rois de Judée.

On estime qu'au début du XVIe siècle, au Mexique, environ 20 000 victimes étaient sacrifiées annuellement à Huitzilopochtli, dieu du Soleil, par les souverains de l'Empire aztèque. La base symbolique de ce culte terrifiant était le

Voir aussi

978 Sang p. 289

979 Taureau p. 47

mythe selon lequel le peuple aztèque avait été choisi pour procurer au dieu du Soleil le **sang (978)** humain, qui lui était nécessaire pour engager chaque jour sa bataille contre les ténèbres.

Comme dans l'Eucharistie chrétienne, le sang revêt une signification rituelle dans de nombreuses coutumes sacrificielles. Il est alors le symbole de la vie spirituelle. Dans le culte romain de Mithra, dieu du Soleil, les initiés participaient au *taurobole.* Ils étaient conduits dans une fosse et arrosés du sang d'un **taureau (979)** immolé. De tous les sacrifices d'animaux dans le monde antique, celui du taureau était le plus important et le plus précieux. Dans la mythologie indo-iranienne, Mithra sacrifie un taureau « primordial » dont le sang et la semence sont à l'origine de la force de germination qui apporte la vie sur Terre.

L'**agneau (980)** est l'un des premiers symboles du Christ, dans son acception sacrificielle. Les prophètes tels qu'Isaïe ont décrit le Messie tant attendu comme un agneau. Cet animal possède également une signification de sacrifice et de rédemption dans les rites islamiques du Ramadan. Selon les cultures, les animaux les plus utilisés pour les sacrifices sont le bélier, le cheval, le bœuf, le buffle, la chèvre et le chien.

981 AUTO-SACRIFICE

Une idée très répandue voulait que l'auto-sacrifice rehausse la valeur symbolique de l'acte sacrificiel. En dehors de la tradition chrétienne, il existe d'innombrables histoires et légendes dans lesquelles les divinités sont touchées par cet ultime acte d'oubli de soi. Ainsi, dans la tradition indienne, Holika est la sœur d'un roi qui ordonna de brûler vif son propre fils qui avait refusé de l'adorer. Elle sauva la vie du jeune prince au prix de la sienne, en le rejoignant sur son bûcher. Son protégé fut miraculeusement sauvé des flammes, comme récompense divine au sacrifice d'Holika.

Le thème symbolique de l'auto-immolation féminine, tiré d'un mythe dans lequel Sati, la première épouse de Shiva, se sacrifie par le feu, a donné naissance à la pratique du rituel appelé **satî (982)**, qui obligeait les veuves à s'immoler sur le bûcher funéraire de leur mari. Il fut interdit par les Anglais en 1829.

983 BOUC ÉMISSAIRE

Durant l'Antiquité, il existait une coutume d'expiation qui donnait lieu à un sacrifice particulièrement sinistre. Elle consistait à châtier et à tuer un bouc émissaire, utilisé comme symbole des manquements ou des fautes d'autres personnes. James Frazer,

pionnier de l'anthropologie, a évoqué la flagellation et la mise à mort par le feu de victimes humaines désignées comme boucs émissaires par les souverains de pays dévastés par une guerre ou une catastrophe naturelle. La victime était souvent un simple d'esprit, choisi comme un symbole inversé du roi. Des traces de ces pratiques se retrouvent dans la tradition, bien postérieure, qui voulait que les rois aient un **fou (984)** à leur côté. Clown ou bouffon, celui-ci tenait habilement le rôle de bouc émissaire, pointant souvent avec perspicacité les erreurs d'administration du royaume pour lesquelles il feignait d'être blâmé.

Certains rois anglais offraient à leurs fils un jeune **valet à fouetter (985)** qui, en cas d'inconduite, était châtié à leur place. Le mot de bouc émissaire provient de la coutume hébraïque d'envoyer dans le désert le jour du Yom Kippour (le Grand Pardon), un bouc chargé de tous les péchés d'Israël.

986 PÉLERINAGE

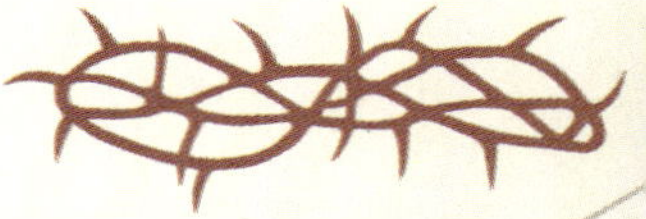

L'expiation ou la purification figurent toujours parmi les nombreux motifs symboliques qui conduisent à entreprendre un pèlerinage. L'objectif est de laisser de côté la vie quotidienne pour entreprendre un voyage, souvent éprouvant, vers un lieu où sont censées se concentrer des forces surnaturelles.

987 QUARANTE

Dans le monde antique, la période de quarante jours représentait un extraordinaire symbole lié à la purification, l'épreuve spirituelle, la pénitence et l'abstention. Les spécialistes la font remonter à l'astronomie babylonienne et à l'inquiétude ressentie lors des quarante jours de printemps pendant lesquels le groupe d'étoiles appelé Pléiades cesse d'être visible. Les traditions chrétienne et islamique utilisent régulièrement le terme « quarante jours » pour signifier « une période suffisamment longue ». Selon une idée très répandue, elle correspondait au temps nécessaire pour qu'un cadavre se décompose entièrement.

Connaître ces traditions est utile pour comprendre la notion de **quarantaine (988)**. Au XVIe siècle, dans le port de Marseille, un bannissement de quarante jours était imposé aux passagers des bateaux venant d'un pays où sévissait la peste.

DIVINATION

989 ORACLES

La prémonition est l'une des nombreuses prouesses magiques dont les Anciens reconnaissaient l'existence. Elle reflétait leur croyance dans l'indivisible tout formé par les mondes naturels et surnaturels. Cependant, depuis les temps les plus anciens, elle est utilisé pour asseoir le pouvoir des prophètes, des prêtres ou des chamans dont les connaissances supérieures, les pouvoirs intuitifs ou parfois les franches supercheries firent parfois la célébrité. Les oracles, comme celui de Delphes en Grèce, dédié à Apollon, permettaient à la divinité de répondre aux questions par le canal d'une voix humaine, en tirant au sort des réponses déjà préparées ou encore par l'intermédiaire des rêves.

Les **rêves (990)** sont aussi ambigus que pouvaient l'être les conseils des oracles. Bien qu'ils aient été considérés dès les premiers temps comme les présages d'événements à venir, ils offrent une telle variété d'interprétations symboliques que les analystes modernes disent plaisamment qu'un rêve donné peut signifier une chose ou son contraire.

991 YIKING

Le **yiking**, ou *Livre des transformations*, est l'un des plus anciens et des plus subtils des systèmes de divination. Il se rattache à la croyance chinoise selon laquelle chaque action bien menée dépend de l'équilibre entre deux forces oppo-

Voir aussi

991 Yiking p. 282

sées, mais complémentaires. La personne qui consulte le yiking jette des baguettes d'achillée, ou des pièces, afin de construire un trigramme, composé de trois lignes (brisées ou continues) superposées, puis un hexagramme, formé de six lignes. Il est ainsi possible de constituer soixante-quatre permutations de forces yin (ligne brisée) et yang (ligne continue), censées couvrir l'éventail complet des expériences humaines. Ce livre décode les combinaisons d'une façon telle que le consultant, ou celui qui le reçoit, est amené à réfléchir en profondeur aux conséquences possibles de chaque action. En réalité, le yiking est un système qui incite au travail sur soi.

992 TAROT

Comme pour les oracles et le yiking, la réputation du jeu de tarot repose sur sa souplesse d'interprétation. Ces cartes datent de la fin du XIVe siècle. Elles sont ornées de très anciens symboles qui permettent de nombreuses nuances de sens. Pour un tarologue intuitif, ces images offrent un moyen de prédiction bien plus poétique que la lecture des feuilles de thé, des entrailles, des omoplates de mouton, de la forme de vol des oiseaux, des nombres, des nuages ou de nombreuses autres méthodes aussi spectaculaires pour tenter de deviner le futur.

993 ZODIAQUE

La majesté du ciel nocturne a très tôt offert aux devins un cadre grandiose pour l'élaboration d'un système symbolique, permettant de prévoir le cours de la vie des habitants de la Terre. Les astronomes mésopotamiens du VIIe siècle av. J.-C. avaient conçu le premier zodiaque, un ensemble d'animaux ou de bêtes fabuleuses correspondant aux constellations réparties sur le trajet du Soleil durant une année. L'astrologie considère que le schéma formé par la répartition des corps célestes au moment de la naissance d'une personne a une répercussion sur son caractère et probablement sur ses actions.

Bien que les astronomes actuels considèrent qu'il s'agit d'une idée absurde, les dirigeants de certains pays prennent conseil auprès de leur astrologue avant de grandes décisions.

994-1000 BOIS ET EAU

Les deux éléments naturels les plus souvent associés à la divination sont le **bois (994)** et l'**eau (995)**, qui sont liés à la radiesthésie. L'utilisation d'une baguette fourchue pour trouver des points d'eau cachés semble être connue depuis l'Égypte antique. Symboliquement, le bois le plus utilisé pour les baguettes de sourcier est le **coudrier (996)**, arbre qui est traditionnellement magique dans de nombreuses cultures. Le **saule (997)** et **le pêcher (998)** sont également d'un usage très répandu. Des observations scientifiques de sourciers suggèrent que la sensibilité humaine aux vibrations de l'eau souterraine est en fait plus importante que l'instrument qui est utilisé.

Dans les contes de fées, la **baguette magique (999)** en coudrier influence le futur en permettant aux rêves de devenir réalité. Cette tradition est issue de croyances animistes aux esprits

Voir aussi

994 Bois p. 25

995 Eau pp. 49 & 84

bienveillants des arbres, associés au symbole de fertilité qu'évoque la baguette. De même, on a fait remonter l'origine du **puits aux souhaits (1000)**, dans lequel on lance des pièces, à des rituels celtiques au cours lesquels des cadeaux étaient jetés dans l'eau afin d'invoquer le soutien des divinités aquatiques.

1001 SURFACES RÉFLÉCHISSANTES

Les surfaces transparentes ou réfléchissantes revêtaient dans de nombreuses cultures un symbolisme lié à la clairvoyance. La surface lisse des lacs était perçue comme un miroir à deux faces. Elle permettait symboliquement aux humains de communiquer avec les esprits de l'eau ou du monde souterrain.

On pensait que les magiciens étaient capables de voir les événements, passés et futurs, dans les miroirs. Cette superstition était encore très en vogue au XVIe siècle : on raconte que, dans le château de Chaumont, Ruggieri, l'astrologue de Catherine de Médicis, lui aurait montré dans un miroir le sort de ses trois fils. Les chamans asiatiques lisaient le futur en examinant des plaques réfléchissantes dirigées vers le Soleil ou vers la Lune.

Voir aussi

1001 Miroir brisé p. 79

INDEX

À noter : les qualités qui sont à la base des sujets de cet ouvrage (par exemple Fécondité) ne sont citées qu'après les symboles qui les représentent. Si le lecteur est intéressé par ces qualités en elles-mêmes, il doit se référer aux têtes de sous-chapitres. Pour des raisons de place, seul le premier mot de ces sous-chapitres est donné dans l'index, par exemple « Gloire » au lieu de « Gloire et bonheur ». L'emploi des majuscules pour une qualité particulière (par exemple Longévité) en évoque la personnification. Les pages en **caractères gras** correspondent à la définition principale d'un symbole.

REMERCIEMENTS

L'éditeur tient à remercier les personnes suivantes ainsi que les musées et les bibliothèques qui nous ont permis de reproduire les œuvres présentées dans l'ouvrage. Si malgré tous nos efforts pour trouver les ayants droit, nous en avions omis certains, nous les prions de se faire connaître afin de réparer cet oubli.

Lég.: BAL = The Bridgeman Art Library, Londres; NG = National Gallery, Londres

Pages 8–9 De'Vecchi : *Les Signes du Zodiaque*, détail du plafond, c. 1574-1575 (Villa Farnese, Caprarola/ BAL) ; 32 Léonard de Vinci : *La Cène*, 1495-1497 (Santa Maria della Grazie, Milan/BAL) ; 38 Hans Holbein le Jeune : *Les Ambassadeurs*, détail, 1533 (NG, Londres/BAL); 70 Strozzi: *Personnification de la Gloire*, détail, v. 1635-1636 (NG, Londres/Corbis) ; 76 *Carte du Tarot, la Mort* (Private Collection/BAL) ; 115 Léonard de Vinci : *L'Homme de Vitruve*, v. 1492 (Accademia, Venice/BAL) ; 125 Botticelli : *La Naissance de Vénus*, v. 1485 (Uffizi, Florence/ BAL) ; 130 Raphaël : *Les Trois Grâces*, 1504-1505 (Musée Condé, Chantilly/BAL) ; 135 Le Corrège : *Vénus, Mercure et Cupidon*, v. 1525 (NG, Londres/BAL); 145 Fra Angelico: *Le Jugement dernier*, détail, v. 1431 (Museo di San Marco, Florence/BAL); 176 Crane : *La Boîte de Pandore*, 1910 (Bibliothèque des Arts Décoratifs, Paris/BAL) ; 195 Van Valckenborch : *La Tour de Babel* (Towneley Art Gallery & Museum, Burnley/BAL) ; 199 *Tapisserie de la Dame à la licorne*, v. 1500 (Musée national du Moyen Âge de Cluny, Paris/BAL) ; 215 Hughes : *Les Longues Fiançailles*, 1859 (Birmingham Museums & Art Gallery/BAL) ; 225 Le maître de Lyon : *Jeunes Filles et cœurs ailés*, v. 1500 (British Library, Londres/BAL) ; 232–233 École italienne : *La Fontaine de Jouvence*, v. 1600 (Phillips Auctioneers/BAL) ; 239 Jérôme Bosch : *Le Jardin des Délices*, v. 1500 (Prado, Madrid/BAL) ; 256 Jacques Le Moyne de Morgues : *Coquelicots*, v. 1568 (V & A Museum, Londres/BAL) ; 271 Eugène Delacroix : *La Liberté guidant le peuple*, détail, 1830 (Louvre, Paris/BAL) ; 272–273 Botticelli : *Vénus et Mars*, après 1485 (NG, Londres/BAL) ; 292 Hevjara Mandala, détail (Chester Beatty Library, Dublin) ; 305 École byzantine : *L'Empereur Justinien Ier*, v. 547 (San Vitale, Ravenne/BAL) ; 312 Shiva, 500–527 av. J.-C. (British Library, Londres/ BAL) ; 316 Bernardo Daddi: *Crucifix*, v. 1338 (Accademia, Florence/BAL) ; 357 Icône russe, *le prophète Élie*, v. 1600 (Mark Gallery, Londres/BAL) ; 365 Holman Hunt : *Le Bouc-émissaire*, détail, 1854 (Lady Lever Art Gallery, Port Sunlight/BAL) ; 370–371 Agnese : *Les Signes du Zodiaque*, v. 1540 (Royal Geographical Society, Londres/BAL)

Crédit des illustrations

Chris Daunt : 13, 17, 27, 43, 45, 50, 59, 60, 98, 107, 119, 127, 153, 158, 173, 185, 243, 252, 269, 276, 286, 288, 298, 314–315, 333, 342–343, 349, 363 ; **Neil Gower** : 157 ; **Matt McKenna** : 46, 79, 84, 136, 141, 167, 182, 203, 219, 236, 244, 250, 262, 301, 311, 319, 337, 346–347, 361; **Sally Taylor** : 18, 23, 31, 54, 65, 82–83, 86, 95, 112, 120, 128, 142, 149, 175, 188, 209, 217, 220, 222, 241, 249, 261, 264, 279, 291, 294, 297, 302, 321, 330, 352, 372.